Issue
No.20 WANJU
—

WRITER
이지앤북스 편집팀

찻잎을 따는 눈썰미로 글을 고르고, 천천히
그에 맞는 무게와 양감, 표정과 자세를
지어낸다. 다작하지 못하고, 당장의 이익이
크지는 않더라도 권권이 좋은 책, 내일
부끄럽지 않은 책을 만들어가고 있다.

Tripful = Trip + Full of
트립풀은 '여행'을 의미하는 트립TRIP이란
단어에 '~이 가득한'이란 뜻의 접미사
풀-FUL을 붙여 만든 합성어입니다. 낯선
여행지를 새롭게 알아가고 더 가까이 다가갈
수 있도록 도와주는 여행책입니다.

※ 책에 나오는 지명, 인명은 외래어 표기법 및
통용 표현을 따르되 경우에 따라 발음에 가깝게
표기했습니다.

※ 잘못 만들어진 책은 구입한 곳에서 교환해 드립니다.

EDITOR'S LETTER

옛것에 새로운 문화를 덧입히고 있는 완주.
취재를 통해 완주는 고즈넉한 자연뿐만 아니라
개개인의 다양한 문화가 공존하고 있는
곳이라는 걸 알게 되었습니다.

건강한 먹거리인 완주의 로컬푸드, 자연을 품에
안은 고택들, 각자의 분야를 개척해 나가는
청년들, 그리고 완주를 사랑하는 사람들이
만들어가는 문화 공동체까지. 한 명 한 명의
사람들과 그 안에 스며든 문화까지 만나볼 수
있었습니다.

서로의 취향과 가치를 공유하면서 그 안에서
문화를 발전시키고, 가꾸어 가는 사람들.
그들이 있어 완주의 모습을 온전히 받아들일 수
있었습니다.

<트립풀 완주>는 드넓은 산을 병풍 삼아
둥글게 모인 한옥들, 청년들이 새로운 문화를
만들어 가는 고산, 그리고 완주에서만 맛볼 수
있는 음식들까지, 공간 하나, 음식 하나에도
완주를 느낄 수 있는 것들로 채워 넣고자
노력했습니다.

지친 일상 속 시원한 바람 한 자락이 되어줄
<트립풀 완주>를 통해 완전한 한 주를
보내시길 바랍니다.

황정윤

CONTENTS

PREVIEW: ABOUT WANJU

012 ANALOGUE
아날로그 감성, 완주의 한옥

014 WANJU CULTURE AND ART
완주의 문화와 예술

020 WANJU LANDSCAPES AND PEOPLE
완주의 풍경과 사람들

WHERE YOU'RE GOING

026 완주 권역 이해를 위한 일러스트 대지도

028 WEST : 완주 문화권의 중심, 서부

030 SOUTH CENTRAL : 완주 고택의 중심, 중·남부

SPECIAL PLACE: SOYANG

034 SOYANG
완주의 꽃, 소양면

SPOTS TO GO TO

050 GOSAN
80년대로 돌아간 듯한, 고산면

054 [THEME] MOUNTAIN & FOREST
완주의 산과 숲

056 SAMRYE
역사와 문화가 재생되는 삼례읍

058 [THEME] VILLAGE EXPERIENCE
완주에서 즐기는 마을 체험

EAT UP

062 [SPECIAL] WANJU LOCAL FOOD
완주 로컬 음식

064 KOREAN BRAISED SPICY CHICKEN
묵은지 닭볶음탕

066 SOFT TOFU STEW
속이 편한 순두부찌개

| 068 | LOCAL RECOMMENDATION
로컬까지 사랑한 식당

| 070 | RESTAURANT
맛과 분위기를 다 잡은 레스토랑

| 072 | NOODLES
혼자 또는 둘이서, 맛있는 면요리

| 075 | KOREAN WHOLE FRIED CHICKEN
옛날 통닭

| 076 | CAFE IN WANJU
완주가 담긴 카페

| 078 | ENJOY COFFEE IN WANJU
커피 한 잔으로 즐기는 여유

| 084 | WITH MY DOG
반려견 동반 카페

| 086 | BREAD & DESSERT
빵과 디저트

| 090 | STEAMED BUNS
길거리 간식, 찐빵

| 091 | WANJU MAKGEOLLI
완주 막걸리

| 092 | [SPECIAL] WANJU SPECIALITY
완주 특산물

LIFESTYLE & SHOPPING

| 096 | PHOTO STUDIO, CRAFT & SELECT SHOPS
완주 사진관, 공방 & 편집숍

| 098 | GALLERY & MUSEUM
완주 갤러리 & 박물관

PLAN YOUR TRIP

| 100 | TRAVELER'S NOTE & CHECK LIST
완주 여행 전 알아두면 좋을 것들

| 102 | SEASON CALENDAR
언제 떠날까?

| 103 | FESTIVAL
이색적인 축제가 한가득

| 104 | TRANSPORTATION
완주 교통

| 105 | TOUR
투어 상품

MAP

| 106 | 지도

PREVIEW
:ABOUT WANJU

완주는 전라북도의 숨겨진 진주 같은 곳이다. 완주에서 태어난 사람, 사는 사람 그리고 살 사람은 하나같이 완주의 매력 1순위를 사람이라 꼽는다. 도시 못지않은 삶을 사는 그들을 따라 돌아보니, 완주는 산과 마을 그리고 문화 이 모든 걸 지니고 있다. 충분히 인생 레이스를 완주하기 좋은 곳, 완주다.

01
ANALOGUE
아날로그 감성, 완주의 한옥

02
WANJU CULTURE AND ART
완주의 문화와 예술

03
WANJU LANDSCAPES AND PEOPLE
완주의 풍경과 사람들

PREVIEW

ANALOGUE

아날로그 감성, 완주의 한옥

고유한 감성을 유지한 채 자연과의 조화로움이 돋보이는 곳, 고즈넉한
한옥의 느긋함을 느낄 수 있는 곳, 바로 완주이다. 완주는 오랜 세월을
거치며 수많은 이야기가 담긴 한옥들과 자연이 만나 하나의 문화, 여행지를
만들어 가고 있다.

#능선에 걸린 한옥

능선을 따라 한 폭의 그림 같은 모습을 보여주는 완주. 완주를 이야기할 때 한옥은 빠지지 않고 등장한다. 150여 년부터 250여 년의 이야기를 간직한 채 완주로 옮겨진 한옥, 우리나라 최초의 한옥성당인 되재성당 등 완주의 한옥은 만들어진 역사를 지키고, 또 새롭게 역사를 만들어가고 있다. 누군가는 반드시 지켜야 하고, 젊은 세대들이 지켜줘야 할 문화유산이라고 말하는 완주에서 한옥의 새로운 가치를 발견해 보자. 시간이 흐를수록 완주의 문화와 가치는 더욱 빛을 발할 것이다.

#한옥과 현대의 만남

이제는 완주의 상징이 된 소양면에 자리한 고택, 아원과 소양. 소양면에는 한옥이라는 문화유산을 지키고 가꾸기 위한 노력이 곳곳에서 보인다. 고택 외에도 계속해서 책방과 카페 그리고 갤러리 등 옛 것을 재생한 건축물들을 볼 수 있다. 아원과 소양에서는 오래된 것에 대한 사랑과 한옥을 지켜온 선조들의 정신을 기리고자 하는 깊은 뜻을 읽을 수 있다. 역사와 현대의 만남이 우리에게 주는 의미는 크다. 완주 내 새롭게 재탄생한 한옥 공간들을 거닐며 선조들의 숨결을 고스란히 느껴보자.

#최초의 한옥성당, 되재성당

우리나라 최초의 한옥성당인 되재성당. 전북 완주군 화산면 승치리에 위치한 되재성당은 1895년 서울 약현성당에 이어 두 번째로 완공된 성당이다. 프랑스의 뮈텔주교에 의해 세워진 이 성당은 한옥으로의 건축적 가치가 뛰어난 곳으로 역사적 의미가 크다. 한국전쟁 당시 한옥 건물이 소실되는 아픔을 겪었지만, 2009년 다시 복원하면서 사람들의 품으로 돌아왔다. 이렇듯 완주는 건축적 가치를 넘어 종교, 문화에도 한옥이 스며들어 있다.

PREVIEW

WANJU CULTURE AND ART

완주의 문화와 예술

2021년 1월, 완주군이 호남 유일의 문화도시로 선정되었다. 완주군과 나란히 제2의 문화도시로 떠오른 지역들은 김해와 강릉, 춘천 등 대도시들이었다. 완주군의 저력은 사실 이전부터 뚜렷해지기 시작했다. 문화적 자원을 자유롭게 활용할 수 있는 시스템을 제공하고 이에 대한 제약을 해소시키기 위한 꾸준한 노력을 보인 것. 무엇보다도 항상 각 분야에서 활동하는 주민들의 말을 제일 비중 있게 들으며 그들의 자율성을 보호해주고 있다. 꿈만 같은 환경을 조성하자, 완주 주민들은 좀 더 적극적으로 창의성을 펼칠 수 있게 되었다.

01.
복합문화지구 누에

누에를 키우고, 관련 상품을 개발했던 호남 잠종장이 문화예술 허브 기능을 하는 공간으로 새롭게 탄생되었다. 완주의 근교, 부안에 누에타운이 생기면서 호남 잠종장이 폐산업시설이 되었다. 2015년부터 복합문화지구 누에로 조성되기 시작했다. 양질의 실을 더 추출하기 위해 개량되었던 뽕나무들이 군데군데 남아있다. 복합문화지구 누에는 예술인들을 위한 공간이기도 하고, 지역 주민들이 다양한 공연 프로그램에 참여하거나 교육을 받고 전시를 볼 수 있는 놀이터와 같은 곳이 되어 주고 있다.

#완주의 허브 역할
땅 면적이 넓은 완주에서 대도시들의 랜드마크를 기대하기란 어렵다. 완주 안에서 북쪽의 끝인 화산면과 남쪽의 끝인 구이면 사이의 거리는 무려 70km. 이는 근교인 익산 또는 대전과의 거리보다 더 되는 거리다. 낮은 인구 밀도와 다소 부족한 대중교통의 편리성 그리고 늘어나는 교통 약자들의 수. 결국 완주에서의 랜드마크 형성은 도전으로 여겨질 수밖에 없다. 복합문화지구 누에의 궁극적인 목표는 완주군 13개의 읍과 면 주민들의 접근이 용이한 작은 문화 공간들을 고르게 분포시키는 것. 랜드마크보다 허브 역할에 가깝다고 볼 수 있다.

#완주 문화 교육의 장
완주에서는 다양한 생활문화 예술 프로그램들이 진행되고 있다. 작은 도서관들과 주민자치센터 그리고 문화의 집 등 많은 기관들이 주민들의 높은 문화 예술 향유를 위해 여러 교육 프로그램들을 진행 중이다. 다만, 서로 연결망 없이 각자의 위치에서 최선을 다하고 있다. 여기서 더 나아가 서로 유기적으로 도움이 되기 위해서는 복합문화지구 누에의 역할이 중대해진다. 프로그램들을 살펴보고, 중복되거나 누락된 부분들을 수정하고 보완하는 것. 누에가 가야 하는 궁극적인 목표이다.

#지속적인 문화 예술 교육
복합문화지구 누에는 작가들의 전시 활동을 다른 문화 예술 활동들과 연계해 지속 가능한 교육 프로그램을 만들어 간다. 작가들의 전시 활동을 일회성으로 끝내는 것이 아니라 다른 문화 예술 콘텐츠들과 연계해 제3의 문화 예술을 만든다. 전시가 끝나면 그 주제와 관련된 예술 교육을 진행해, 한 번 더 관람객들이 그 전시 주제에 대해 되새김질할 수 있게 한다. 이때, 누에의 전시팀이 적극적으로 해당 작품의 예술가와 함께 고민해 방향성을 만들어낸다.

02.
다:행

함께 소통하고, 공유하고, 자신의 취향을 직접 만들고, 찾아가는 완주. 공동체 문화도시 완주 안에는 그런 문화를 만들어 갈 수 있도록 주민들에게 열려 있는 문화공유공간인 다:행이 있다. '다 같이 행복한, 다 같이 행하는'이란 의미를 가진 이곳에서는 주민들이 활동자이자 생산자로 자신들의 문화생활을 직접 만들어가고 있다. 이처럼 완주는 나 자신에게서 시작해 공동체까지 함께할 수 있는 공생 문화도시로 확장해 가고 있다.

#문화도시 완주
지역문화진흥법에 따라 법정 문화도시로 지정된 완주. 법정 문화도시로 지정된 완주군은 전국 82개 군 중 전국 최초 문화도시로 지정되었다. 2019년 예비도시 지정, 2021년 1월 문화도시로 지정받으면서 완주는 모두가 인정하는 문화도시로 탈바꿈했다. 고유성을 지키면서 그 안에 새로운 문화를 덧입히는 완주는 주민을 넘어 여행객들에게도 인정받는 도시가 되어가고 있다.

#모두의 공간, 모두의 문화
옛 삼례역을 공간 재생시킨 완주문화공유공간 다:행은 주민들과 함께 생각을 나누고, 공유를 하며 다시 태어났다. 이곳에서는 개인이 하고 싶은 문화생활 활동을 타인에 의한 프로그램이 아닌 자신이 직접 개발하고 만들어갈 수 있다. 요리, 영상 제작, 공연, 전시 등 자신이 꿈꾸고 생각한 모든 것을 과감 없이 펼칠 수 있으며, 동시에 자신이 만든 문화를 타인과 공유할 수 있는 새로운 커뮤니티 공간이다. 만든 사람이 주인이 아닌 쓸 사람이 주인인 다:행에서 자신만의 새로운 문화를 만들어가 보자.

#문화 플랫폼, 완주문화공유365
완주군에 흩어진 역사, 문화 등의 정보를 수집해 한곳에 담아 놓은 문화공유365(www.culture365.com). 2020년 구축된 플랫폼으로 주민으로 구성된 공유문화탐사단이 직접 취재를 한 정보를 바탕으로 공유문화자원 공간, 물품, 완주 취향 문화지도 등 중요한 정보들을 쏙쏙 채워나가고 있다. 이처럼 문화도시 완주에서는 경제적 영역을 뛰어넘어 사람, 지식, 재능, 공간, 데이터에 이르기까지 다양한 분야를 발굴해 나가고 있다.

Interview

황 경신
완주문화도시지원센터 사무국장

완주문화도시지원센터에 대해 소개 부탁드립니다.
완주문화를 재발견하고, 완주를 살아가고, 방문하는 이들의 문화적 삶의 질 향상을 위해 노력하고 있습니다. 완주문화자원공유, 문화 협치와 사회적 연대를 통해 문화적 가치를 재발견해 개인을 포함, 지역 고유의 문화발전과 지역 공동체의 회복이 촉진될 수 있도록 항상 발로 뛰고, 주민들과 소통하고 있습니다.

완주문화도시지원센터에서 운영하는 다:행은 어떤 곳인가요?
저희가 운영을 한다고 하기보다는 주민들로부터 만들어지고, 운영되는 문화공유공간입니다. 다:행이라는 이름도 시민 공모를 통해서 만들어졌습니다. 계획단계에서부터 모두 주민들과 함께한 공간이죠. 이 공간 안에서 만큼은 짜여진 프로그램이 아닌 내가 만들고, 하고 싶은 걸 모두 할 수 있습니다. 벽도 무빙월로 되어 있는데 어떤 문화, 취미를 하느냐에 따라 공간을 마음대로 바꿀 수 있죠. 이곳에서만큼은 모두가 활동자이자 생산자가 될 수 있습니다. 저녁까지 운영해 직장인분들도 많이 활용하세요.

완주가 다른 지역에 비해 문화생활을 향유할 수 있는 공간이 많은 것 같습니다.
1,000명당 1곳의 문화공간이 있을 정도로 정말 많습니다. 로컬푸드도 그렇고 완주가 예전부터 식자재에서 시작해 문화까지 공동체로 함께 발전해 왔습니다. 그래서 다른 지역보다 함께하는 문화생활에 대한 거부감이 없고, 열린 마음으로 받아들여 이런 문화 공간들이 많이 생겨나는 것 같습니다. 또한 완주가 이주민 유입인구가 40%가 넘는 걸로 알고 있습니다. 그만큼 대안적 삶을 위해서도 많이 찾아오시고, 그 안에서 새롭게 문화를 형성하시는 분들이 많아 새로운 커뮤니티도 계속해서 만들어지고 있는 것 같습니다.

완주를 방문하는 이들이 어떻게 완주를 즐기다 가셨으면 좋겠나요?
취향 여행을 해봤으면 좋겠습니다. 작은 도시일수록 공간 하나하나가 더 매력적으로 다가올 수 있다고 생각하거든요. 자신이 좋아하는 어느 곳이든 상관이 없어요. 완주에 작은 빵집들이 정말 많거든요. 그런 빵 로드를 기획해 투어를 해본다던가, 삼례, 고산, 운주 등 오일장 열리는 곳들을 찾아 시장 투어를 해본다던가. 그런 소소한 곳들을 자신에게 맞춰 여행을 해봤으면 좋겠습니다. 이렇듯 개인의 취향에 맞게 완주의 트립 로드를 짠다면 더 기억에 남는 여행이 되지 않을까요? 완주를 소소하지만 충분히, 깊게 느끼다 가시길 바랍니다.

다:행
Ⓐ 전북 완주군 삼례읍 삼례역로 85
Ⓣ 070-4293-0467 Ⓜ Map → 2-★4

03.
로컬베이스캠프

완주군 고산면에는 청년들이 탐색과 실험을 할 수 있는 거점공간이 자리해 있다. 이곳에서는 다른 지역에서 온 수많은 청년이 모이고, 흩어지며 서로 영감을 교류하고, 협업을 하고 있다. 이처럼 청년들이 활발하게 소통하고 또 다른 완주의 모습을 발견하며 새로운 자신, 새로운 완주를 찾아가고 있다.

#고산으로 모이는 청년
다른 지역과 달리 외지 인구의 유입이 높은 완주. 특히 완주는 청년 인구가 전체 인구의 20%를 넘기면서 청년들이 살아가고 있는 곳, 살고 싶은 곳이 되었다. 그 중에서도 고산은 청년마을, 청년거점공간 등 청년커뮤니티가 잘 정착된 곳이기도 하다. 앞서 고산으로 이주한 청년들이 완주의 지원을 받아 정착을 하고 새로운 문화를 형성해 나가면서 또 다른 청년들을 고산으로 불러모으고 있다. 이제 고산은 명실상부 청년들이 꿈을 펼칠 수 있는 발판의 시작점이 되었다.

가치식당

#청년과 완주의 연결고리
청년들이 정착하거나 생활을 하기 위해서 가장 중요한 부분이 주거와 일자리이다. 로컬베이스캠프에서는 이런 두 가지 부분을 고민하고, 해결할 수 있는 시간과 장소를 제공해 준다. 탐색, 교류, 여행 등을 목적으로 완주를 찾아오는 청년들이 머무를 수 있는 게스트하우스부터 컨테이너 하우스 방식으로 조성된 코워킹스페이스까지. 공간 하나하나 모두 완주와 청년을 이어주기 위해 구성되어 있다. 다른 곳으로 떠나고 싶은데 고민이 된다면 로컬베이스캠프로 찾아가 보자.

#활발한 청년 정책
창업을 할 때 초기 자본이 많이 들어 선뜻 시작하기가 쉽지 않다. 완주는 이러한 청년 창업의 어려움을 앞장서서 도와주는 곳들이 많다. 어떤 일이 하고 싶은지 고민이 될 때 도움을 받을 수 있는 로컬베이스캠프부터 창업의 초기 부담이 되는 비용과 홍보, 마케팅까지 지원해 주면서 청년들이 실제 외식업을 할 수 있는 가능성을 열어준 가치식당까지. 완주는 청년들이 자신의 진로를 좀 더 고민해 보고 방향성을 잡을 수 있도록 계속해서 지원하고 있다.

Interview

김 주영
로컬플랫폼 씨앗C.Art 대표

소개 부탁드립니다.
2013년 설립된 협동조합입니다. 로컬플랫폼 씨앗이라는 이름으로 완주로 귀촌한 20~50대까지의 사람들이 모여 지역의 공공활동, 교육, 문화, 청소년, 지역으로 이주하려는 청년들의 지역 정착이나 탐색을 돕는 활동들을 하고 있습니다. 또한, 로컬베이스캠프의 경우 몇 개의 협동조합이 함께 지역 자산화라는 방식으로 만든 공간입니다. 지역주민, 귀농 귀촌인, 청년이 함께 운영하는 커뮤니티 식당, 청년들이 머무를 수 있는 게스트하우스, 코워킹스페이스, 그리고 카페까지 이곳에서 먹고, 자고, 경험할 수 있습니다.

완주가 다른 지자체에 비해 청년 인구가 많은 것 같습니다.
완주는 농촌이라기보다 도농복합도시에 가까워요. 전원적인 삶을 살 수도 있지만 문화적인 것도 쉽게 접할 수 있는 곳이죠. 그래서 소외감이나 격리감이 다른 지자체에 비해 덜한 것 같습니다. 또 완주는 20여 년 전부터 마을교육공동체나 커뮤니티 비즈니스 같은 공동체 활동이 잘 잡혀있어요. 고산이 특히 협동조합이 인구 대비 다른 면에 비해 3~4배가 많습니다. 그런 협동조합 공동체의 경제가 많다는 건 많이 벌지는 못하더라도 건강한 일자리가 많다는 의미이죠. 여기 오는 대부분의 청년이 돈을 많이 벌고 싶다기보다는 자기다움을 잃지 않고, 자신의 속도대로 살고 싶어 하는 경우가 많습니다. 사람들과 교류하고 관계를 맺으면서 할 수 있는 일의 가능성이 많이 열려있어 청년들이 많이 오는 것 같습니다.

완주를 오려고 준비하는 청년들에게 조언이나 해주고 싶은 말이 있으신가요?
저도 서울에서 나고 자랐지만, 도시에서 경쟁하고 빠르게 사는 것만이 유일한 삶의 방식이라고 생각하지 않으셨으면 좋겠습니다. 다른 삶도 가능하다는 것. 그런 것들을 한 번 경험해 보셨으면 좋겠어요. 그리고 이제는 한 가지 직업을 가지는 시대가 아닌 것처럼 지역도 마찬가지라고 생각을 해요. 자신이 살고 있는 도시를 다 정리하고 완전히 이주해 정착하는 것이 아니라 계속 넘나들면서 살아가는 그 과정의 하나로 가볍게 생각을 하시면서 완주에 한 번 머물러 봤으면 좋겠습니다. 이곳이 청년들의 시작점, 발판이 될 수 있는 이유도 저희가 청년들에게 맞는 공동체를 찾아갈 수 있게 도와주고 있고, 또 그런 고민이 있으시다면 언제든 저희 로컬베이스캠프로 연락 주시길 바랍니다.

완주를 방문하는 이들에게 하시고 싶은 말씀 있으신가요?
유명한 관광지를 따라가는 것도 좋지만 숨겨져 있는 곳들을 잘 보고 가셨으면 좋겠습니다. 저녁노을이 지는 만경강 산책도 깊게 들여다보지 않으면 모르는 곳이죠. 이처럼 그냥 들렀다 가는 여행이 아닌 관계를 맺는 여행을 하셨으면 좋겠어요. 지역 분들과 관계를 맺어야 알 수 있는 곳들이 정말 많거든요. 완주를 오기 전에는 몰랐지만 와서 알게 되는 새로움을 느끼다 가시길 바랍니다.

로컬베이스캠프
Ⓐ 전북 완주군 고산면 송학길 10 Ⓜ Map → 1-★13

PREVIEW

WANJU LANDSCAPES AND PEOPLE

완주의 풍경과 사람들

빵빵 소란스러운 경적 대신 귀를 살짝 간지럽게 하는 나뭇잎이 서로
부딪히는 소리. 높은 빌딩이 아니라, 비교적 낮은 키의 산들이 펼쳐진 곳.
여름에는 초록빛, 가을에는 주홍빛, 겨울에는 흰 옷. 365일
멋 부리는 산을 마주 보고 드넓은 황야 같은 고속도로를 달려본다.

#시골의 멋을 지닌 완주
완주는 자유롭고 여유가 가득 끼어 있는 곳이다. 산, 바다, 계곡과 가까워 놀기 좋고 휴식을 취하기에도 제격이다. 특히 여름에는 운주면의 운주계곡, 동상면의 운장산계곡 등 놀러 갈 곳이 많다. 또한 완주는 위치상 전주, 익산, 논산 등 여러 지역과 밀접해 있어 생활이 편리하고, 불편함 없이 문화생활도 할 수 있다.

#아기자기한 매력을 간직한 완주
계란 프라이를 만들기 위해, 팬에 계란을 톡 터트렸을 때 나오는 생김새가 완주와 많이 닮았다. 완주의 지형은 울퉁불퉁 산맥이 많으면서도, 곳곳 귀여운 구석이 꽤 있다. 골목을 누빌 때도, 차를 타고 달릴 때도 발견한다. 계란 프라이처럼 담백하면서도 잔재미가 은근 많다는 점! 카페들은 완주의 자연경관을 두루 활용해 개성 있는 분위기를 표현한다.

01.
완주는 따뜻하다.

완주는 운전하기 좋다. 대도시에서 잘 볼 수 없는 배려가 이곳에서는 가능하기 때문. 양보는 물론, 버스 기사님들의 손 인사와 하차하는 손님들을 위한 오랜 기다림. 사소한 것에서 느껴지는 그 따스한 마음이 완주를 더 예쁘게 만들어 준다.

Interview

허 효정
레가로가죽공방 대표

> ❝
> 완주에서는 여유로움을 느낄 수 있어 좋습니다. 또 도시가 가까이에 있어, 불편함이 덜 합니다.

상호가 독특하네요.
이탈리아로 선물이라는 뜻이에요. 대부분 가죽공방 오시는 분들이 처음에는 본인을 위해 만드세요. 그러다 누군가에게 주고 싶게 되면, 선물용으로 만들기 시작하시는데 정성이 묻어나죠. 저 또한 '선물 주는 마음처럼 정성스럽게 만들자'는 철학을 담아, 상호를 레가로가죽공방이라 지었습니다.

산 지 거의 10년이 다 되어가네요. 삼례도 그렇고, 완주에서는 여유로움을 느낄 수 있어 좋습니다. 또 도시가 가까이에 있어 생활하는데 불편함이 덜 합니다. 완주군에서 아이들 키우는 데 지원도 많이 해주고 있습니다.

공방도 하시고, 주문 제작도 하신다고요.
주문 제작에 특히 더 신경을 씁니다. 만드는 과정 중 제 마음에 안 들면 재료비 생각 안 하고 똑같은 걸 3번 만들어 본 적 있어요. 도중에 실수하거나 망친 작품들은 버리긴 아까우니 공방에 진열해둡니다. 간혹 몇 분이 실패된 걸 보시고 주문하시는데 별로 기대를 안 하세요. 나중에 완성품 받아 보시고는 매우 만족스러워하십니다. 주위에 소개해줘도 되냐고 물어보시는데 정말 감사하죠.

완주와는 어떤 인연으로 닿으셨나요?
완주군 삼례읍 출신인 남편을 따라 내려왔어요. 결혼 후 전주에서 4년 정도 살다가 완주로 내려왔어요. 완주에서

레가로기죽긍빙
Ⓐ 전북 완주군 삼례읍 삼봉로6 삼례시장 청년몰 2층 레가로
Ⓣ 063-714-3350　Ⓗ 10:30-20:00, 예약제 수업 운영
Ⓘ @regalo3355　Ⓜ Map → 2-S3

02.
젊은 세대, 젊은 감각

도시에서의 다른 삶을 살다 귀농, 귀촌을 꿈꾸는 것이 일반적이었던 과거와 다른 시대가 왔다. 지금은 귀농과 귀촌이 다양한 선택지 중 하나가 되었다. 자신만의 삶을 찾고, 꿈꾸는 젊은 세대들 또한 전북 완주에 삶의 터전을 잡고 꿈을 향한 도약을 시작했다.

#청년들이 완주에 사는 이유
완주에 사는 사람들은 생각 이상으로 다양하다. 완주 근교 도시인 전주나 익산에 거주하지만, 본업인 농사 또는 식당 운영을 위해 매일 새벽 완주에 오는 이들도 있고, 전혀 연고가 없는 완주에서 생계를 이어가는 사람들도 있다. 살짝 경계는 하고 있어도, 은근 사람에 대한 관심이 높은 사람들. 언제나 마음의 문을 열고 있는 사람들. 경계를 허물기 시작하면 끝도 없이 정을 퍼주는 사람들. 완주에 사는 사람들이 말하는 완주 사람들은 그러하다.

#완주에서 발견한 공동체
완주에서 공동체라는 힘은 아주 강력하게 작용한다. 함께 그 지역에서 나는 재료들로 음식을 만들어 판매하고, 먹으며 살아간다. 용진읍에서만 봐도 도계마을, 용암마을, 서계마을 등 무려 45여 개의 마을들이 형성되어 있고, 그중 몇 마을들은 협동조합을 꾸려 더 나은 상생을 실현시키고 있다. 마을뿐만이 아니다. 귀농 청년들의 정기적 모임도 있다고 하니, 으샤 힘을 합쳐 의기합합하고자 하는 정신이 투철한 것 같다.

#완주는 기회의 땅
완주에서는 청년들의 꿈을 응원하고, 전폭적인 지원이 아낌없이 이뤄지고 있다. 완주군은 농업뿐만 아니라 다양한 일자리 창출 면에서 청년들의 지속 가능한 경제력을 위해 고민하고 발전해 왔다. 일자리 아이디어 공모전을 통해 직접 아이디어를 받기도 하고, 청년들이 직접 청년 정책을 내세우거나 홍보할 수 있는 기회도 제공한다. 2020년 완주는 고창과 전북 일자리 창출 우수 지역으로 선정되기도 했다. 이러한 완주군의 실행력과 추진력은 곧 다수의 귀농 또는 귀촌인들을 흡수했다. 그 수는 꾸준히 증가하고 있다.

Interview

박 성호

유별난농장 공동대표

> 완주의 가장 큰 매력은 사람인 것 같아요. 자연풍경만큼 좋은 사람들이요. 그래서 힘들어도 못 떠나는 것 같아요. 그 매력에 빠져 버렸거든요.

유별난농장
Ⓐ 전북 완주군 삼례읍 삼봉로6 삼례시장 청년몰 2층 108호
Ⓣ 010-3606-2522　Ⓘ @you.byeol

자기소개 부탁드립니다.
2018년도부터 귀농을 결심한 후, 완주에서 만난 청년 농부 2인과 함께 협업농장인 유별난농장을 운영하는 박성호라고 합니다. 유별난농장은 유년 시절 별을 기억한다는 뜻을 담고 있어요. 주로 온라인으로 제철 과일을 판매하고 있습니다.

판매하시는 상품이 제철 과일이면 주로 어떤 과일들인가요?
저희 유별난농장의 주요 종목이자 주력 상품은 딸기입니다. 가을에 시작해서 늦봄이나 초여름까지 수확하는 품목이에요. 딸기 철이 아닌 때는 토마토와 바질을 생산합니다.

청년 3인은 어떤 인연으로 모이게 되었나요?
저희 셋 다 알던 사이가 아니었고, 완주에 아무런 연고도 없었어요. 저 같은 경우 건축 관련 일을 했었어요. 야근이 많다 보니, 매일 늦게 집에 귀가했습니다. 아이들과 더 많은 시간도 보내고 싶고, 삶의 진리를 찾아봐야겠다 싶어 겸사겸사 완주에 내려오게 되었어요. 완주에서 귀농인들을 위해 1년 정도 거주할 곳을 임대해 줬어요. 1년 동안 살면서 이 친구들을 만났어요. 각자 102호, 103호 그리고 104호 바로 옆집에 살고 있었거든요. 연령대도 비슷하고 생각하는 방식도 비슷했습니다. 함께 농사를 시작해보면 어떠냐고 처음에는 가벼운 마음으로 이야기했어요. 저희 모두 농업 관련 경험이 전무했거든요.

우여곡절이 많았겠어요.
막상 농사를 시작하려다 보니 기존에 갖춰야 할 것들이 많았어요. 기본적으로 땅이 있어야 했고요. 시설이랑 농업에 관한 기술도 보유해야 했습니다. 당시 저희에겐 아무것도 없었으니까 맨땅에 헤딩 같은 거죠. 지금은 그런대로 잘 극복하고 있습니다. 3년 차밖에 안 돼 짧은 연차이지만, 머리가 3개라서 잘 돌아가고 있어요. 하나보다는 낫겠죠.

사는 곳이 일하는 곳 지역과 동일한가요?
처음부터 완주에 연고가 없었으니까 비닐하우스와 농장 자체를 임대해야 했어요. 그러다 보니 집과 농장의 위치가 조금 떨어져 있어요. 저는 가족과 고산면에 거주하고 있습니다. 농장은 완주의 삼례읍과 봉동읍에 있어요.

박성호 님에게 완주는 어떤 곳인가요?
일단 아직 완주 전체에 대해 말하기는 어렵지만, 제가 사는 동네에 한정해 말씀드릴게요. 고산면만 봐도 동네 이웃들 간의 커뮤니티가 비교적 잘 되어 있어요. 생각이 깨어 있으신 분들이 굉장히 많이 있습니다. 완주의 가장 큰 매력은 사람인 것 같아요. 자연풍경만큼 좋은 사람들이요. 그래서 힘들어도 못 떠나는 것 같아요. 그 매력에 빠져 버렸거든요. 동네에서 이웃들과 화목하게 지낼 때 좋아요. 종종 교류가 있는데, 그때마다 매 순간 좋은 감정을 느낍니다.

일할 맛도 나고 사는 맛도 있으시겠어요.
최근에 시작한 게 있어요. 이웃 농가들께 온라인 판매를 도와드리려고 합니다. 특히 연세 있으신 분들 경우 작물에 대한 경험은 많으셔도 온라인을 어려워하세요. 온라인 판매할 경우 오는 장점이 많아요. 오프라인 판매일 경우 딸기의 최종 가격이 만 원이 되더라도 중간 유통과정에 마진이 많이 들어가기 때문에 일차적으로 농가에서는 3,000원 정도에 파는 것밖에 안 되거든요. 저희가 앞장서서 그러한 문제를 해결하려고 해요. 다 같이 상생하는 삶을 꿈꿉니다.

Interview

양 수연
米쁘다 대표

'米쁘다'에서 '米'가 쌀을 가리키네요.
원래 쌀 디저트로 시작한 가게예요. 오시는 연령대가 다양하다 보니 디저트로만은 안 되겠다 싶어 고민하던 중 주변에서 쌀로 할 수 있는 게 많다며 조언을 줬어요. 현재 백반을 주로 판매하고 있어요. 디저트는 주문 제작으로 계속 받고 있고요. 횟집, 분식집 등 경력을 보유하신 어머니와 함께 운영 중입니다.

요리를 좋아하시나 봐요.
전공은 사회복지학과예요. 대학 생활 4년 내내 전공이 맞지 않아 재미없게만 살았습니다. 그러다 졸업할 때쯤 캐나다로 어학연수를 가게 되었어요. 그곳에서 요리에 대해 흥미를 느끼기 시작했어요. 한국으로 돌아와서 음식점 운영을 도전하기 시작했습니다.

가장 자신 있는 메뉴는 무엇인가요?
김치찌개랑 제육볶음이 제일 자신 있습니다. 청년몰에 있는 공방 대표님들이 이 두 음식은 매일 먹어도 안 질린다고 인정했어요.

음식 관련 꿈이 있으시다고요.
제 개인적인 목표는 전통 음식을 현대화시키는 거예요. 특히 한과를 발전시키고 싶어요. 米쁘다에서는 백반 외 명절 특수품으로 한과도 판매하고 있어요. 얼마 전 직접 만든 한과를 들고, 삼례읍 마을 곳곳을 돌아다니며 한과를 나눠준 적이 있어요. 그 중 삼례 유채꽃 마을에 가게 되었는데 마을 할아버지 한 분께서 꽃이 활짝 피면 또 놀러 오라고 하셨어요.

마음씨가 따뜻한 이웃을 만나셨네요.
다른 곳이었다면 가게만 운영하고 삭막했을 것 같아요. 여기서는 사람 만나고 서로 알고 하는 게 참 재밌어요. 다들 사람 냄새나는 것 같다고 동의하세요. 저 같은 경우 여기 사람들을 잘 만났기 때문에 1년을 버틸 수 있었던 것 같아요. 제가 잘하고 있다는

느낌을 받았어요. 기회만 되면 완주로 이사 오려고 해요.

사시는 곳이 완주가 아닌가 봐요.
전라북도 익산에서 태어났어요. 전주에서 학교를 나왔고요. 여러 군데 돌아다니다가 이렇게 완주에 닿게 되었어요. 완주는 친근해요. 제가 완주에 오기 전까지는 사람들한테 붙임성이 있다는 말을 들어본 적이 없어요. 그런데 완주에 와서 달라졌어요. 성격이 많이 유해진 것 같아요. 오시는 손님들뿐만 아니라 여기 삼례시장 사람들에게 자연스럽게 엄마, 아빠, 삼촌이라고 해요. 그만큼 사람들이 다정하고 편해요.

재미있는 일화가 많았을 것 같아요.
장날에 항상 오시는 분들이 있습니다. 단골이 생겼어요. 이곳 청년몰을 구경하러 오셨던 한 분이 고기, 생선을 포함한 구첩반상이 차려진 걸 보시고 지인들을 부르셨어요. 최근에 가장 많이 오셨던 인원이 무려 25명이었어요. 저녁에는 1층에서 식사를 하시는데 제가 내려가게 되면 항상 반가워하세요. 맛있는 커피 한 잔을 사주시거나 치킨 한 보따리를 챙겨 주세요. 여기서 저는 그냥 장사하는 사람이 아니에요. 인간 대 인간으로 봐주세요. 그게 너무 좋아요. 저 또한 오시는 분들 모두에게 반찬을 아낌없이 제공해 드리고 만족하실 수 있게끔 하고 있어요.

> " 여기서 저는 그냥 장사하는 사람이 아니에요. 인간 대 인간으로 봐주세요. 그게 너무 좋아요

米쁘다
Ⓐ 전북 완주군 삼례읍 삼봉로6 삼례시장 청년몰 2층 109호
Ⓣ 010-3378-1907 Ⓗ 11:00-20:00 수요일 휴무

WHERE YOU'RE GOING

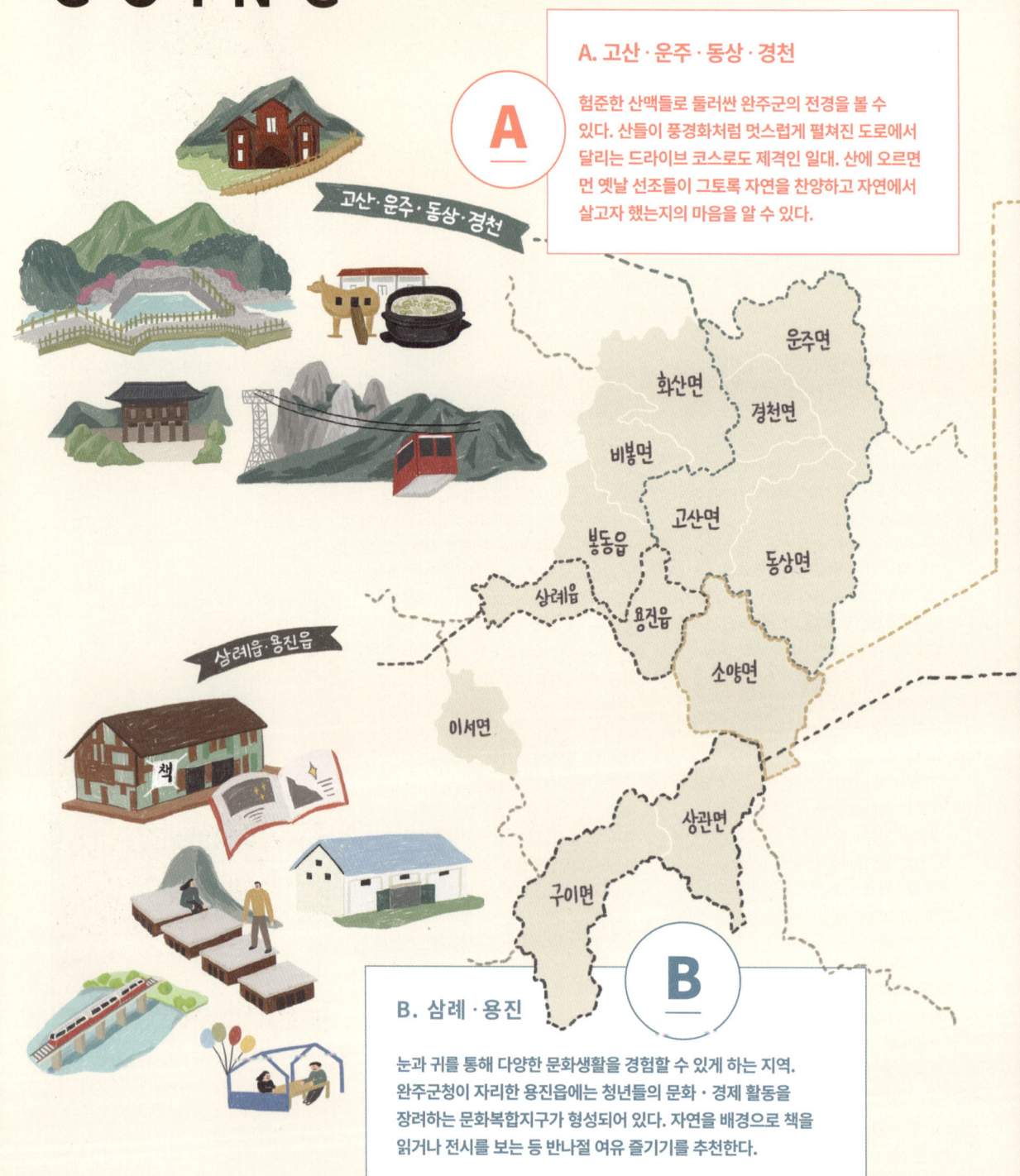

A. 고산·운주·동상·경천

험준한 산맥들로 둘러싼 완주군의 전경을 볼 수 있다. 산들이 풍경화처럼 멋스럽게 펼쳐진 도로에서 달리는 드라이브 코스로도 제격인 일대. 산에 오르면 먼 옛날 선조들이 그토록 자연을 찬양하고 자연에서 살고자 했는지의 마음을 알 수 있다.

B. 삼례·용진

눈과 귀를 통해 다양한 문화생활을 경험할 수 있게 하는 지역. 완주군청이 자리한 용진읍에는 청년들의 문화·경제 활동을 장려하는 문화복합지구가 형성되어 있다. 자연을 배경으로 책을 읽거나 전시를 보는 등 반나절 여유 즐기기를 추천한다.

완주군 대표 읍과 면 돌아다니기

총 3읍 10면인 완주군 내 가장 핫한 읍과 면만 모았다. 북쪽으로는 자연 경관이 뚜렷한 지역들이 등장하고, 남쪽으로는 각각 전통이 돋보이는 한옥마을과 완주 사람들이 많이 모여있어 정겹다. 각 지역마다 개성이 극명하게 나누어지기 때문에 골라 다니는 재미가 있다.

소양면

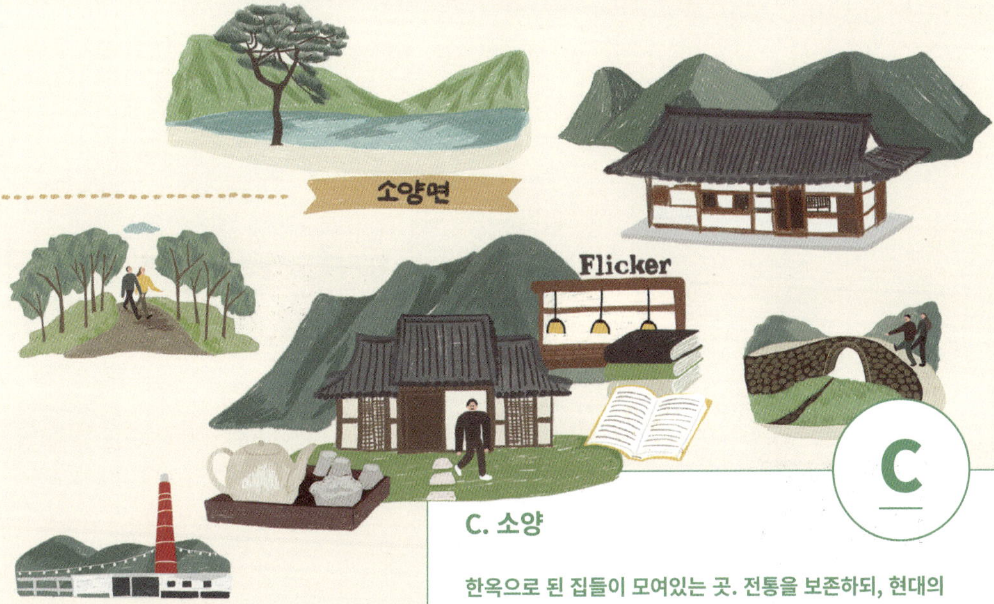

C

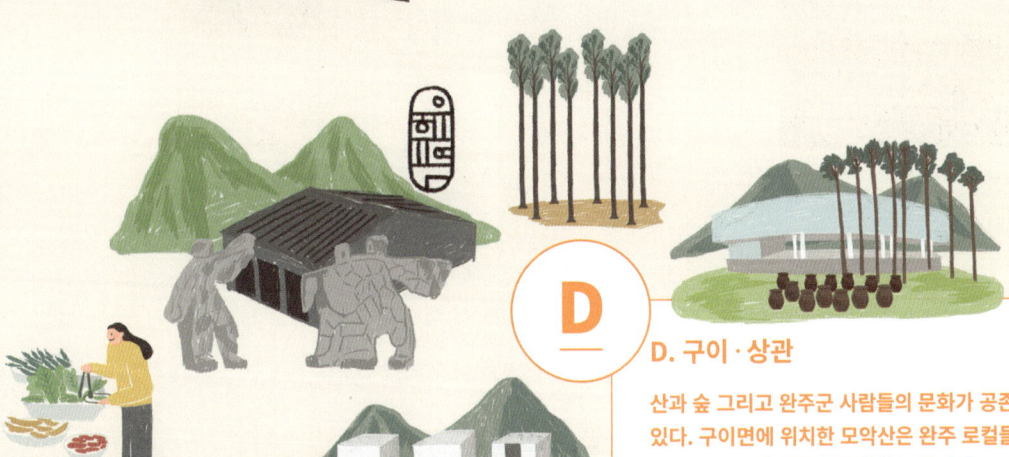

C. 소양

한옥으로 된 집들이 모여있는 곳. 전통을 보존하되, 현대의 미를 살린 한옥 스테이를 추천한다. 잠시 삭막한 도시에서 벗어나 자연을 만끽하고 소중한 사람들과 행복한 시간을 보낼 수 있다. 오성제 저수지를 끼고 있어, 드넓은 자연을 배경으로 사진을 남길 수 있는 카페들이 많다.

구이면·상관면

D

D. 구이 · 상관

산과 숲 그리고 완주군 사람들의 문화가 공존하고 있다. 구이면에 위치한 모악산은 완주 로컬들뿐만 아니라 근교 사람들이 즐겨 찾는 곳이다. 모악산을 중심으로 미술관, 카페, 음식점 등이 형성되어 있다.

WHERE YOU'RE GOING

A

완주 문화권의 중심, 서부

Tip. 완주군 여행 일정 짜기
완주군의 면적은 생각보다 아주 넓다. 드라이브 여행으로 제격이며 한옥마을에 숙소를 두고 하루 이상 머물기를 추천한다. 전통적인 한옥 스테이와 동시에 자연경관을 둘러보고, 사람들의 일상을 체험할 수 있다.

완주 로컬들의 애정이 담긴 곳들을 찾아서. 재료 본연의 맛을 지키고 정성을 다하는 곳을 방문하고 나면, 진실된 완주의 면모에 흠뻑 빠지게 될 터!

삼례책마을, 삼례
책을 일상과 가까이하고 싶은 곳. 가지런히 분류된 고서들을 보면 더더욱 그러한 마음이 든다. 중고서적을 판매하는 무인서점도 있다.

삼례문화예술촌, 삼례
일제 수탈의 본거지였던 곳이 모두가 즐길 수 있는 문화 공간으로 조성되었다. 카페, 미술관 등 볼거리가 많다.

서부통닭, 삼례
완주 삼례읍 주민들이 오랜 기간 사랑한 옛날 통닭집. 호프집 스타일로 치맥하기 좋다.

새참수레, 삼례
시골밥상 느낌 그대로. 도심에서 볼 수 없었던 신선하면서도 건강한 메뉴를 맛볼 수 있는 곳. 이것저것 마음껏 먹을 수 있어 인기만점.

삼 례

비비정예술열차, 삼례
움직이지 않은 기차 안에서 따뜻한 음식과 커피 그리고 경치를 맛볼 수 있는 곳. 완행 열차를 타고 가는 기분이 들기도 하다.

완주로컬푸드직매장 둔산점, 봉동
완주에서 나는 것들만 모았다. 농부들이 직접 농산물을 가져와 판매하는 모습들을 직접 볼 수 있다. 높은 신뢰도만큼 맛과 품질도 최상급이다.

799

봉 동

17

799

데일리로그 감성사진관, 봉동
여행 시 사진 남길 만한 곳을 찾는다면 이곳! 제주도의 한 카페를 모티브 삼아 지었다는 사진관. 야외와 실내 모두에서 감성 넘치는 사진을 남길 수 있다.

용 진

17

삼일월, 용진
로컬들이 사랑하는 빵집. 식사대용으로도 손색 없을 만큼 든든하고 속 편한 빵을 만들어 판매한다.

옐로우팜, 용진
청년 농부가 고구마 창고를 개조해 만든 카페. 생과일을 직접 갈아 만든 음료가 대표적이다. 주인이 직접 맛보고 고른 과일들도 판다.

용진농협로컬푸드, 용진
2012년 완주에서 최초로 세워진 로컬푸드직매장. 고객층이 다양해 파는 물건 종류가 많다. 언제 방문해도 사람들로 붐비는 곳이다.

WHERE YOU'RE GOING

**완주 고택의 중심,
중·남부**

종남산을 배경으로 펼쳐진 한옥마을, 그곳에 우뚝 선 장엄한 고택에서 힐링하자. 자연경관이 멋스러운 카페, 서점 등에서 시간을 보내고 나면 좀 더 삶이 풍요로워질 것이다.

ZOOM IN SOYANG

아원고택, 소양
해체된 고택을 가져와, 멋스럽게 꾸며놓은 곳. 갤러리와 함께 숙소를 운영 중이다. 커피를 마시거나 돌아다니면 고즈넉한 느낌이 든다.

카페 라온, 소양
소양면에서 가장 눈에 띄는 카페 중 하나. 2층 전체가 카페로 운영되고 있으며, 오성제저수지가 한눈에 보인다.

소양고택, 소양
오랜 시간을 보내고 싶은 카페와 서점이 자리해 있다. 잠시 주차해, 오후를 즐겨보자.

오성제 저수지, 소양
BTS(방탄소년단) 대표 굿즈 중 하나인 썸머패키지 2019년의 촬영지. BTS 소나무로도 불리는 작은 소나무 하나가 오성제저수지를 등지고, 고고하게 서 있다.

전북도립미술관, 구이
백남준의 작품을 비롯, 수준급 전시를 감상할 수 있는 곳. 감상뿐만 아니라 체험할 수 있는 공간이 따로 마련되어 있다.

구이안덕건강힐링체험마을, 구이
금광동굴 발견 후 건강힐링체험마을이 형성되었다. 시원하게 노폐물을 씻어주는 황토한증막과 쑥뜸 체험이 인기.

SPECIAL PLACE : SOYANG

전통 한옥을 지키고 소중히 여기는 소양면.
오래된 무언가에 대해 생각해 보게 하는 이곳에서 진득하게 머물고 싶다.

SPECIAL PLACE
SOYANG
완주의 꽃, 소양면

한옥은 한국과 한국인의 뿌리이며 발전의 근거가 된다고 믿는 사람들. 150여 년부터 250년의 역사를 자랑하는 고택을 가져와 이곳에 다시 짓기 시작했다.

완주 소양면에 있는 한옥의 개수만 해도 무려 20채. 드넓은 산을 병풍 삼아 둥글게 모인 오성 한옥마을에서 소박하면서도 진실한, 옛것을 고수하고자 하는 마음을 느낄 수 있다. 오래된 건물을 허물지 않고 새롭게 재해석했다. 자연과 어우러지는 전통과 현대의 미를 동시에 감상할 수 있다.

한옥스테이
소담원
녹운재
죽림원

오성제 저수지 & 주변
오성제 저수지
오스갤러리
카페 라온
오성한옥마을체험관
소양문화생태숲

소양고택 & 주변
소양고택 + 두베카페
+ 플리커책방

대통밥1번지
기양초
카페소양

아원고택 & 아원갤러리
아원고택
아원갤러리

위봉산성
위봉폭포
위봉사

Interview

이 문희

소양고택 대표

완주와의 인연에 대해 이야기해주세요.
완주는 부모님의 고향이자 제가 어릴 때부터 자주 오던 추억 속의 장소였어요. 소양고택이 있는 이곳 오성한옥마을은 고즈넉한 사찰과 4계절 아름다운 풍경화를 선물 받는 보석 같은 곳이라 어머니께서는 노후에 이곳에 살고 싶다 하셨지요. 그래서 저의 스튜디오 겸 어머니의 작업 공간으로 쓰면 좋겠다고 생각하고 2007년부터 토지 매입을 시작하게 되었어요.

고창과 무안의 철거 위기에 놓인 조선시대 말기의 150여 년 된 고택 3채를 해체하고 이축했습니다.
국내에는 행정상의 이유로 혹은 자손들이 지키지 못해서 철거 위기에 놓인 고택들이 많아요. 그래서 이때 강제 매각되거나 급매로 나오게 되는데 제때 매각이 잘 되지 않으면 포클레인으로 강제 철거되어 땔감으로 쓰이거나 버려지게 됩니다.
사실 고택을 해체하고 이축하는 작업이 쉽지 않습니다. 단지 고택을 이축하고 싶다고 바로 가능한 일이 아닙니다. 고택의 연대와 보존상태를 살펴봐야 합니다. 이축 작업환경도 중요하게 작용합니다. 복원해야 할 부분이 너무 많거나 활용도가 떨어지며 지게차 하나 들어갈 수 없는 열악한 작업환경에 놓여 있다면 이축이 불가능할 수도 있습니다. 다행히 저희는 인연이 닿아 실력 있는 문화재 장인들과 함께 소양고택을 그대로 복원시킬 수 있었습니다. 저의 고택 복원 프로젝트는 계속됩니다. 포항에서 100년 가까이 된 아름다운 고택을 이축하는 프로젝트를 진행해오고 있습니다.

소양고택만의 특징은 무엇인가요?
BTS가 다녀가서 더 유명지기도 했지만 오성한옥마을 내에 자리 잡은 소양고택은 고즈넉한 종남산에 둘러있어 4계절 모두 아름답습니다. 봄에는 2.5km에 달하는 송광사 벚꽃길이 3분 거리에 있어서 아침 산책하기 좋고 여름부터 가을까지는 소양고택 정원에서 수국 축제가 열립니다. 겨울에는 따뜻한 온돌에 이불 뒤집어쓰고 창밖에 눈 내리는 풍경을 보며 추억을 만들 수도 있습니다.
무엇보다 소양고택 내에는 두베카페와 한옥 독립서점 플리커책방이 함께 있어 머무는 즐거움이 배가 됩니다. 매 달 심야책방이나 유명 작가들의 북토크 행사도 참여할 수 있습니다. 이병률 시인님과 JTBC 예능 '냉장고를 부탁해'에 출연했던 이재훈 셰프님의 북토크 행사를 진행했었는데 시와 와인을 페어링하는 특별한 밤이었습니다.

소양고택에서의 하루는 어떻게 다른가요?
TV가 없어요. 와이파이도 잘 되지 않지요. 하지만 새소리로 기분 좋게 아침잠을 깨고 가족과 혹은 홀로 마을 산책을 하며 하루를 시작합니다. 시간의 흐름을 자연 속에서 느끼고 한옥 기와 위로 지는 석양과 쏟아지는 밤하늘의 별을 보며 하루를 마무리합니다.
눈에 닿는 곳마다 꽃이 있고 음악과 책이 놓여있는 공간들 속에서 복잡했던 마음을 비우는 하루를 만끽하게 되실 겁니다.

SOYANG GOTAEK

**소양고택,
사랑하는 사람과 즐거운 시간 보내기**

친구와 연인 또는 가족. 일행에 따라 달라지는 여행의 매력이지만, 완주 소양고택에서만은 다르다. 소양고택에서는 각기 다양한 사람들의 취향을 반영했다. 편안함을 자아내는 고택의 연장선으로 카페와 책방이라는 공간을 형성했다.

또한, 전통의 멋과 현대의 미의 만남. 소나무 향이 향긋한 마룻바닥은 전통을, 깨끗한 욕실과 정갈한 찻잔은 현대를 가리킨다. 누군가와 오붓한 시간을 보내다가도, 각자만의 휴식 시간을 간직할 수 있는 곳. 바로 소양고택에서만 가능한 일이다.

"혼자만의 평화로운 시간을 오롯이 보내고 가셨으면 좋겠어요. 한옥의 정적인 아름다움 속에서 핸드폰보다는 책이나 음악을 듣고요. 소양고택의 아름다운 정원 속에서 눈과 마음을 편히 뉘고 가셨으면 합니다." - 이문희 소양고택 대표

혜온당

따뜻한 온기와 사랑을 전한다는 의미를 가진 혜온당은 100년이 넘은 전통 한옥이다. 전북 고창군 아산면 대동리542에서 이축해 왔다. 일제 강점기 시기 기업가, 사회 활동가이자 고창의 거부였던 홍종철씨의 생가다.

제월당

비 갠 뒤 하늘의 상쾌한 달이란 의미를 가진 제월당. 전남 무안군 원호리에서 이축한 180년 된 'ㅡ'자 형태의 6칸 한옥이다. 무안의 조선 시대 마지막 고을 원님이 기거했던 관사다.

소양고택

철거 위기에 처해 있었던 150년 된 고택 3채를 고창과 무안에서 완주 소양면으로 옮겨 왔다. 문화재 장인들의 손을 거쳐 복원해 전통 한옥 양식을 그대로 따르고 있다. 또 현대적인 실용적인 면을 덧붙여 전통과 현대가 결합한, 새로운 경험을 제공한다. 온돌방을 갖춘 사랑채와 일자 형태의 단아함을 갖춘 후연당 그리고 독채까지. 2인부터 가족 수용이 가능한 객실을 보유하고 있다. 모든 객실에는 손수 바느질해 만든 광목 침구류가 마련되어 있으며, 소양고택만의 세련된 감각의 욕실과 차 마시는 공간이 있다. 서예, 거문고 분야의 문화 예술가들이 머물렀던 한옥, 여일루도 곧 오픈할 예정이다.

Ⓐ 전북 완주군 소양면 송광수만로 472-23 Ⓣ 063-243-5222 (10:00~17:00 예약 문의 가능)
Ⓤ www.stayhanok.com Ⓜ Map → 3-H3

가희당

'아름다운 햇빛'을 뜻한다. 고풍스러운 한옥에 현대의 미적 감각을 더해 편리함을 추구하는 독채다.

후연당

'뒷날의 인연'을 의미. 일자 형태의 지붕선이 단아함을 상징한다.

AROUND
Soyang Gotaek

소양고택 주변도 놓치지 말자. 카페와 음식점이 잘 조성되어 있다. 고택의 숨결을 진득하게 느껴볼 수 있다. 특히 소양고택이 운영하는 두베카페와 플리커책방에서는 복잡한 도시를 벗어나 자연에 머물게 한다.

두베카페

창의적인 콘텐츠와 다양한 커뮤니티 형성으로 공간이 채워지길 바라는 마음을 담아 세워진 완주군의 제1호 독립서점. 지역에서 보기 힘든 작가들의 북 토크, 사인회 그리고 심야책방을 진행하는, 완주의 살아있는 문화 공간이기도 하다.

Ⓐ 전북 완주군 소양면 송광수만로 472-23
Ⓣ 063-243-5222　Ⓗ 11:00~18:00
Ⓘ dubhe_soyang　Ⓜ Map → 3-C3

밋밋할 수 있는 하얀색 건물인 카페 앞에는 작은 계천이 조성되어 있다. 푸른 산과 구름이 흐르고 있는 물에 반사되어 한층 더 운치 있다. 카페 안은 높은 천장과 길쭉한 테이블들이 안팎의 고즈넉함을 부가시킨다. 직접 빻아 만든 미숫가루와 바닐라 생크림이 만나 고소하고 달콤한 소양 미슈페너가 대표 메뉴. 경치가 훌륭한 카페에서 더할 나위 없이 훌륭한 음료를 마시며 흘러가는 시간을 잡아본다.

플리커책방

Ⓐ 전북 완주군 소양면 송광수만로 500
Ⓣ 063-246-6222 / 063-243-5222　Ⓗ 13:00~17:00
Ⓘ @flicker_dubhe　Ⓜ Map → 3-S1

카페소양

미국의 한 시골 동네를 드라이브하다 들어간 식당 느낌이 드는 곳. 빈티지스럽다. 페퍼로니와 하와이안 반반 피자가 이집의 주력 메뉴. 직접 도우를 만들고 임실 치즈를 넣어 부담 없이 즐길 수 있다. 아담한 사이즈의 캔맥주를 판매하고 있어 피맥하기에도 좋다.

Ⓐ 전북 완주군 소양면 송광수만로 508
Ⓣ 063-241-7196 Ⓗ 평일 11:30~18:00, 주말 11:30~19:00, 매주 화요일 휴무
Ⓘ @cafe_soyang Ⓜ Map → 3-C4

대통밥 1번지

대나무통 안에 든 밥이 특징. 쉽게 식지 않아 꾸준히 따뜻하게 먹을 수 있다. 가게 안은 넓은 편이다. 특히 창가자리에 앉아 식사할 시 소양면의 전경을 볼 수 있어 좋다.

Ⓐ 전북 완주군 소양면 송광수만로 472-6
Ⓣ 063-243-5024 Ⓗ 평일 11:30~16:00 / 주말 11:30~19:30 / 공휴일 11:30~19:30 마지막 주 수요일은 휴무
Ⓜ Map → 3-R2

기양초

Ⓐ 전북 완주군 소양면 송광수만로 508
Ⓣ 063-247-6667 Ⓗ 매일 11:40~18:00 (연중무휴) Ⓜ Map → 3-R1

약 15년이 넘은 식당. 사장님이 직접 손질한 재료들로 만든 정갈한 반찬들이 나온다. 부추 무침을 가득 덜어, 다슬기와 양념장과 섞어 먹으니 건강하고 자연 본연의 맛이 느껴진다. 하루 전 예약 필수. 돌잔치, 결혼식 등 단체 손님은 35명 이하로 받고 있다.

AWON GOTAEK

아원고택과 아원갤러리

경상남도 진주에 자리한 250년 된 한옥을 옮겨 이축했다. 건축사인 대표가 바로 앞에 보이는 종남산 하나 보고 20년 가까이 공들여 준비해 만든 작품이기도 하다.

아원고택을 시작으로 소양면에는 오성한옥마을이 형성되기 시작했다. 종남산에 둘러싸여 있어, 4면이 다 좋은 기운을 불러와 준다. 아원갤러리 입장 후 계단을 올라가면 높이 솟아있는 대나무 숲길이 나온다. 뒷짐을 지고, 길을 따라 걷다 보면 11개 객실을 보유한 아원고택이 나온다. 만휴당 대청마루 앞물이 고여있는 평평한 땅이 눈앞 종남산과 어우러져 최상의 포토 스폿을 만들어낸다. 사랑하는 사람과 하룻밤 묵고 싶다는 생각이 들 수밖에 없다.

> **PLUS.**
> 객실에 손님이 있는 경우 팻말이 걸려 있다. 영유아 포함 만 7세 미만 어린이와 반려동물은 입실이 불가하다.

> Ⓐ 전북 완주군 소양면 대흥리 송광수만로 516-7
> Ⓗ 아원고택 12:00~16:00 (입장마감 15:45) / 아원갤러리 11:00~17:00
> 노키즈존 (영유아 포함 만 7세 미만 아이 입장 불가)
> Ⓟ 입장료 1인 10,000원 (음료 2,000원 별도, 음료 주문 가능 시간 12:00~16:00)
> Ⓣ 063-241-8195　Ⓜ Map → 3-H4

Interview

전 해갑
아원 대표

한국은 한국 것이 가장 아름다운 것.
한국은 한국 것이 가장 세계적인 것.
그 생각을 중심으로 아원을 만들어 가고 있습니다.

아원 소개 부탁드립니다.
몰입, 명상, 치유를 할 수 있는 곳입니다. 공간을 가득 채우지 않고 여백의 미를 둔 이유도 단순히 숙소 개념을 넘어 스스로 이 안에서 몰입을 하고, 그 몰입 안에서 명상을 하고, 내면의 치유를 할 수 있기를 바라는 마음에서 공간 하나, 나무 하나를 짓고, 심었습니다.

완주, 산 중턱에 아원을 지은 이유가 궁금합니다.
한곳을 찾기 위해 정말 많이 돌아다녔습니다. 생각을 가지고 몰입을 하다 보니 이곳을 만나게 됐고, 제가 생각한 조망권, 높이, 바라보는 방향이 잘 맞아 이곳에 짓게 되었습니다. 날이 좋은 날에는 날이 좋아 아름답고, 또 비가 오는 날은 또 다른 운치가 있고, 눈이 오는 날에는 춥지만 포근한 느낌을 가져다주는 곳이 아원입니다. 이곳에 머무시면서 마음을 비우시고 아원가 동화돼 아원을 온전히 느끼다 가시길 바랍니다.

TIP. 아원고택에 머무를 경우 알아두면 좋은 몇 가지!
자연과 함께 하라는 아원의 뜻을 담아 전체 객실에는 와이파이가 없다.
냄새가 나거나 빨간 국물이 특징인 라면과 같은 음식은 반입 불가.
냉장고도 없으니 근처 식당에서 식사를 해결하고 올 것.

연하당

사랑채(연하당)
옛날 선비들이 풍류를 즐겼다는 연하당. 250년 된 한옥을 경남 진주에서 이축해 그 구조를 그대로 간직하고 있다. 연하당에 앉아 먼 산을 바라보며 자연을 몸으로 담아보자.

천목다실

별채(천목다실)
과거와 현재, 미래를 이어주는 공간. 다른 한옥과는 달리 현대적인 소재 누드 콘크리트로 지어진 미니멀한 건축이다. 창으로 보이는 풍경이 한폭의 그림같다.

만휴당

천지인(만휴당)
종남산의 사계절 풍광이 펼쳐지는 천지인. 대청마루 앞 잔잔한 연못을 보고 있으면 자연의 섭리대로 흐르는 모양새가 마음을 뒤흔든다.

서당

서당
새롭게 이축 예정인 고택. 선녀가 내려올 것만 같은 연못이 있는 서당은 전남 함평에서 조선 개국 526년에 지어져 아원고택으로 옮겨왔다.

아원갤러리

'MUSEUM의 주인은 작품을 전시하는 작가다'라는 정신을 바탕으로 만들어진 공간. 1년에 3회 정도 전시되는 작품들이 달라진다. 자유자재로 열고 닫을 수 있는 천장을 비가 오거나 눈이 올 때 열어두면 또 다른 시각의 작품이 만들어진다.

설화당

안채(설화당)

이야기가 스며든 설화당은 사랑채와 마찬가지로 250년 된 한옥을 경남 진주에서 이축해 왔다. 설화당의 이름처럼 이곳에서 자신만의 이야기를 만들어가도 좋다.

> **Plus. 아원고택 조식**
>
> 식사시간은 8:30 또는 9:30으로 둘 중 하나를 선택할 수 있다. 구수한 누룽지 한 그릇이 건강한 재료들을 손질해 만든 반찬들과 함께 나온다. 인원수에 맞게 제공되는 삶은 계란도 맛있다.

좌식카페

창가 옆 자리에 앉아 베스트 스폿을 남길 수 있다. 커피나 차를 마시며, 고택이 주는 분위기도 느껴보자. 아원고택에 머무를 경우 조식 먹을 때 이용하는 공간이기도 하다.

HANOK STAY

완주에서 머물 숙소를 찾는다면, 망설임 없이 소양면으로 갈 것. 이곳 소양면에서 한옥스테이를 통해 여유도 갖고, 자신도 돌아볼 수 있다. 고즈넉한 한옥과 자연과 어우러지는 곳에서의 하루 또는 이틀의 휴식은 선물처럼 느껴질 것이다.

소담원

편백숲을 품고 있는 한옥 독채. 하루에 한 팀만 받는다. 독립적인 공간이 확보되면서, 머무는 동안 가까운 이들과 많은 추억을 쌓을 수 있는 시간이 주어진다. 한옥 옆에는 계곡이 있어 여름에는 시원하게 보낼 수 있다. 정원도 잘 정돈되어 있어, 활짝 꽃이 피는 봄과 초가을에 숙박해볼 것을 추천한다. 한옥 내부에는 아기자기한 소품이 가득하다. 수동식인 하얀 커튼을 천천히 올리고 내릴 때 느긋함이 묻어난다. 곳곳에 손수 바느질해 만든 제품들이 배치되어 있어 눈에 띈다. 종남산을 눈앞에 두고, 누마루에 누워있는 것만으로도 충분한 휴식이 될 것.

Ⓐ 전북 완주군 소양면 송광수만로 472-32
Ⓣ 010-2461-0557 Ⓘ _sodamone
Ⓤ blog.naver.com/jooklimwon
Ⓜ Map → 3-H1

녹운재

죽림원

소나무, 편백나무 그리고 황토 소재로 지어진 전통 한옥. 숙소 뒤로는 피톤치드 향을 크게 맡을 수 있는 대나무숲이 조성되어 있고, 거실에는 미대 출신 주인의 안목이 드러나는 유명 화백의 작품들이 걸려있다. 누리마루가 붙어 있는 침대방이 인기가 좋다. 특히 창문을 다 열어 놓고 침대에 누우면, 마치 자연을 품 안에 껴안고 있는 듯하다. 온돌방에서도 넓은 창문을 통해 마당과 산을 볼 수 있어 운치 있다. 독채와 더불어 2인실을 제공한다.

Ⓐ 전북 완주군 소양면 송광수만로 472-18
Ⓣ 010-4450-6565　Ⓘ __nwjjj
Ⓜ Map → 3-H2

최대 8명 수용 가능한 한옥 독채. 나운채와 운아채, 두 채의 한옥이 회랑을 통해 연결되어 있어 멋스럽다. 방 크기는 다소 아담하나 화장실, 부엌 등을 알차게 갖춰 공간을 잘 활용했다. 차를 마시는 방이 따로 마련되어 있다. 유리창 없는 창문을 활짝 열면 사진 액자 대신 자연이 걸려있다. 그 자연을 보며 차를 마시면, 맛이 더 좋다. 포근하고 안락한 분위기를 자아내, 가족 단위로 여행 시 추천하는 곳.

Ⓐ 전북 완주군 소양면 송광수만로 516-13
Ⓣ 010-7399-3773　Ⓤ blog.naver.com/jooklimwon
Ⓜ Map → 3-H5

OH-SUNG-JE Reservoir & Around

BTS도 왔다 갔다! 오성제 저수지 & 주변

BTS(방탄소년단)의 화보집 촬영으로 유명해진 곳. 특히, 저수지의 한 가운데 우뚝 솟아있는 작은 소나무는 'BTS 소나무'라고도 불린다. 친구 또는 연인과 손잡고 'BTS 소나무' 앞 또는 뒤 나란히 서 사진을 남겨보자. SNS 업로드 시 해시태그 #방탄소년단, #BTS 잊지 말자.

오성제 저수지를 주변으로 갤러리와 카페 그리고 한옥 숙박들이 줄지어 있다. 낮에는 저수지의 자연 경관이 고즈넉하게 세워진 오스갤러리와 카페 라온과 어깨동무를 하고 있는 듯해 멋스럽다. 다만, 저수지와 도로를 경계 짓는 선이 명확하지 않다. 가로등이 없는 밤길엔 자칫 하단 저수지에 빠질 수 있으니 가급적 해가 지기 전 돌아다닐 것을 당부한다.

카페 라온

ⓐ 전북 완주군 소양면 오도길 64　ⓣ 010-7186-6896
ⓗ 11-3월 월~금 10:30~18:30 주말 및 공휴일 10:30~21:00 / 4-10월 월~일 10:30~21:00　ⓜ Map → 3-C1

카페 안에 들어가면, 눈에 띄는 외관만큼 인테리어가 현대적이고 세련되었다. 전망이 확 트이는 큰 유리창을 통해 소양면의 꽃인 오성제 저수지를 볼 수 있다. 마치 그림 액자를 보는 듯하다. 개방된 옥상에서는 산들에 둘러싸여 포근한 느낌이 든다. 카페 안팎으로 실외 쿠션 등 좌석이 다양하게 구비되어있다. 어디에 앉든 경치를 볼 수 있어 기분이 좋아진다.

오성한옥마을체험관

오성한옥마을 공동체에서 운영하는 체험관. 한옥 숙박을 포함, 전통차를 판매하는 공간이 마련되어 있다. 전통의상과 놀이 등을 경험할 수 있는 곳도 있다.

ⓐ 전북 완주군 소양면 오도길 73　ⓣ 063-243-1022 (숙박문의)
ⓗ 매일 00:00~24:00　ⓤ www.osvillage.net　ⓜ Map → 3-★2

Ⓐ 전북 완주군 소양면 오도길 24
Ⓣ 063-244-7116 Ⓗ 평일 09:30~17:30, 주말 & 공휴일 09:30~18:30 Ⓜ Map → 3-C2

오스갤러리

오성제 저수지가 보이는 붉은색 벽돌집의 오스갤러리는 갤러리를 중심으로 운영되는 카페이다. 카페와 이어지는 건물은 매번 작품이 달라지는 전시 공간으로 바닥의 선을 따라 시선을 옮기면서 작품을 감상하면 색다른 느낌으로 작품을 감상할 수 있다.

Must Try.

오스갤러리 카페의 주력 메뉴인 유기농 더블 토스트. 손으로 찢은 촉촉한 빵 위에 달콤한 애플 시나몬 잼을 발라 먹으면 기분이 좋아진다.

소양문화생태숲

오성한옥마을체험관 옆으로 나 있는 작은 폭의 길. 소양문화생태 숲이라는 이름 아래 산책하기 좋은 곳으로 만들어져 있다. 복잡한 도시에서 벗어나 숲속을 걷는 길은 유쾌하기만 하다.

위봉폭포

'청아한 맑은 물에 초록이 묻어오고 풍성한 산바람에 마음이 씻겨지니 청산에서 터를 잡아서 한평생을 살라네' 완주 지역 시인 이선녀의 글과 풍경이 절로 들어맞는 곳. 국가지정문화재 명승에 지정됐다.

위봉산성 & 고종시마실길

태조 이성계의 영정과 전주이씨 시조의 위패를 봉안하기 위해 만든 곳. BTS의 화보 촬영지 중 하나로 사진 찍기 좋다. 위봉산성에서 거인마을로 이어지는 18km 구간의 고종시마실길도 있어 걷기 좋다.

위봉사

신라 말기 절터 주변에 모인 봉황 3마리를 보고 지었다고 한다. 보물 제608호로 지정된 보광명전 앞 계단에는 개성 넘치는 세 개의 원숭이 상이 놓여 있다.

SPOTS TO GO TO

완주에서 걷기 좋은 동네 2곳을 소개한다. 옛 거리를 그대로 보존하고 살아가는 고산면과 역사를 재해석하여 새로운 문화를 생산하는 삼례읍이 그러하다. 특히 고산면에 위치한, 청년거점공간에서의 유쾌한 만남은 잊지 못할 것. 이외에도 산과 숲 그리고 다양한 체험이 가능한 마을들이 있다. 조금 더 느긋하게 볼 필요가 있다.

01

GOSAN
80년대로 돌아간 듯한, 고산면

[THEME]

MOUNTAIN & FOREST
완주의 산과 숲

02

SAMRYE
역사와 문화가 재생되는 삼례읍

[THEME]

VILLAGE EXPERIENCE
완주에서 즐기는 마을 체험

GOSAN
80년대로 돌아간 듯한, 고산면

1978년도 배경인 영화 <말죽거리 잔혹사>의 한 장면에 와있는 듯하다. 80년대의 느낌을 그대로 간직해온 고산면은 완주 로컬들의 사랑은 물론, 여행객들의 마음을 사로잡는다. 못난 호박들이 가득 놓여있는 가게, 모락모락 연기 나는 만둣가게, 고소한 내음이 흘러나오는 기름집. 옛것에 대한 멋을 지닌 가게들을 지나치다 보면 향수에 젖기 마련.

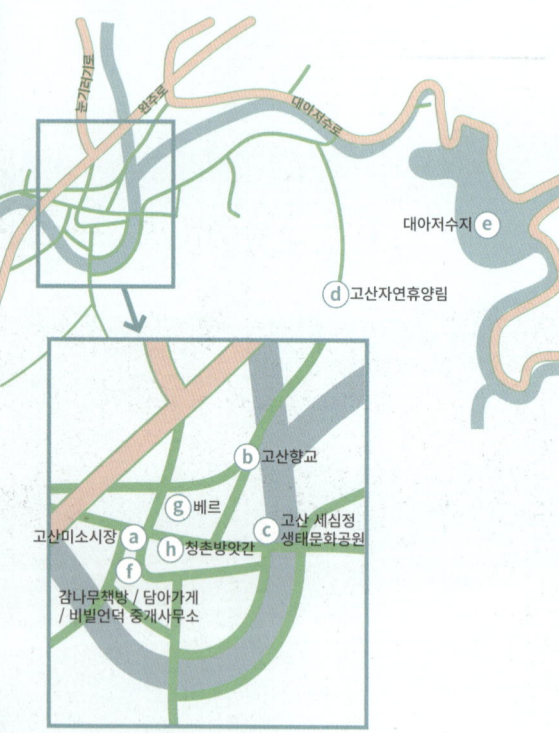

Ⓐ 전북 완주군 고산면 남봉로 134
Ⓣ 063-262-0119   Ⓗ 09:00~20:00
Ⓜ Map → 1-S2

a. 고산미소시장

옛날 모습 그대로를 갖춘 정다운 시장. 실시간 라디오 방송이 흘러나와 정겹다. 시장 안에는 카페부터 피아노 학원, 샌드위치 가게, 완주 협동 상회 등이 옹기종기 모여 있어 돌아다니기 제격이다. 장날에 갈 경우 더 흥겨운 분위기를 맛볼 수 있다. 날짜의 끝자리가 4와 9인 날에 방문해 보자.

Ⓐ 전북 완주군 고산면 읍내리
Ⓣ 010-2350-3699
Ⓜ Map → 1-★6

b. 고산향교

향교란 학교 기능과 제사 기능을 지닌 시골 학교를 일컫는다. 대성전이라고 불리는 공자를 모신 사당이 있으며 전라북도유형문화재 제116호로 지정되었다. 유학을 장려한 그 기능답게 선비처럼 고고하면서도 기품 있는 매력이 드리니는 곳. 태조 이성계 때부터 지어졌으나 2번이나 불타는 바람에 1601년 다시 세워져 지금까지 유지되고 있다. 고산향교 옆에 자리한 명륜학당에서는 서예, 기초한문, 유교의 경전(사서삼경) 읽기 등 다양한 수업이 진행되고 있다. 문 여는 시간이 정해져 있지 않으니 방문 전 미리 꼭 연락할 것.

c. 고산 세심정 생태문화공원

완주 사람들에게는 집 앞 강가라고 불리는 곳. 완주의 대표 강인 만경강의 상류가 흐르고 있다. 산들에 둘러싸인 경치를 가만히 바라보고 있으면, 어느 순간 두루미가 날아와 물가에 앉는다. 세심정 근처로는 느티나무 쉼터가 있다. 캠핑을 즐기는 명소로도 유명하다.

Ⓐ 전북 완주군 고산면 읍내리 55-12　Ⓜ Map → 1-★7

d. 고산자연휴양림

최대 수용 인원 5,000명을 자랑해 크기가 아주 넓다. 휴양림 안에 자리한 저수지를 둘러싼 산책길이 잘 형성되어 있다. 특히 저마다의 다채로운 옷을 입은 낙엽이 풍성한 가을과 꽃들이 활짝 핀 봄이 가장 걷기 좋은 날씨. 따뜻한 색감에 흠뻑 취할 수 있다. 앙상한 가지가 뻗어있는 겨울이 되면 썰매장이 개장된다. 휴양림 안에는 4인실의 카라반처럼 생긴 돔하우스부터 17인 수용 가능한 산림휴양관 등 숙박시설이 마련되어 있다. 이외에도 무궁화오토캠핑장이 있어 텐트를 가지고 와 야영할 수 있다.

Ⓐ 전북 완주군 고산면 고산휴양림로 246
Ⓣ 063-263-8680　Ⓟ 입장료 어른 2,000원
Ⓤ rest.wanju.go.kr　Ⓜ Map → 1-★9

e. 대아저수지

인공적으로 만든 저수지. 작은 전망대에 올라가 바라보면, 햇빛에 반사되어 빛나는 호수와 울긋불긋 계절에 따라 다른 옷을 입은 주변의 산이 한 폭의 그림을 만들어낸다. 대아저수지에서 약 10분가량 떨어진 거리에 있는 대아수목원도 추천.

Ⓐ 전북 완주군 동상면 대아리　Ⓜ Map → 1-★11

Don't Miss. 무궁화테마식물원

자칫하다간 지나칠 수 있는 곳. 무궁화를 테마로 하여, 무려 180여 종의 무궁화를 심어 놓았다. 식물원 앞으로는 고요한 클래식 음악이 흘러나올 것만 같은 공원이 멋스럽게 조성되어 있다. 꽃 구경하다 지칠 때 앉을 수 있는 자리가 많다.

Ⓐ 전북 완주군 고산면 고산휴양림로 89
Ⓣ 063-290-2761　Ⓗ 매일 10:00~18:00 (1월 1일, 설날 및 추석날 휴원)　Ⓜ Map → 1-★8

BOOKSTORE & YOUTH SPACE
서점 & 청년거점공간

f-1. 감나무책방

'그림책으로 위로받다. 나만의 퀘렌시아.' 이상적인 문구를 시작으로, 아이들뿐만 아니라 어른을 위한 그림책으로 가득 채워있는 작지만 알찬 공간이다. 이곳에서 그림책을 구경하며 동심으로 돌아가는 시간을 가져도 좋다.

Ⓐ 전북 완주군 고산면 읍내1길 13
Ⓣ 010-2074-5340
Ⓗ 10:00~18:00, 일요일 휴무
Ⓘ @bereu79   Ⓜ Map → 1-S5

Ⓐ 전북 완주군 고산면 남봉로 134
Ⓣ 063-262-3111
Ⓗ 13:00~18:00, 일, 월요일 휴무
Ⓜ Map → 1-S1

f-2. 담아가게

고산미소시장 안에 자리한 제로 웨이스트 숍 담아가게. 알맹이만 담아간다는 뜻을 가진 이곳에서는 자신의 용기를 가져와 세제를 담아갈 수 있다. 에코백, 보자기 등도 대여해 주니 제로 웨이스트에 관심 있다면 방문해보자.

g. 베르

라틴어로 봄이라는 뜻을 가진 작은 서점 겸 문구점. 책과 문구를 사랑하는 주인장의 마음이 담긴 이 공간은 로컬들의 동네 사랑방 역할도 톡톡히 하고 있다. 문구 하나하나 구경하는 재미도 쏠쏠하다.

Ⓐ 전북 완주군 고산면 남봉로 134   Ⓣ 010-2895-2500
Ⓗ 화-금 12:00~17:00, 토요일 11:00~18:00, 일, 월요일 휴무
Ⓜ Map → 1-S3

Ⓐ 전라북도 완주군 고산면 고산로 100   Ⓣ 070-4240-0088
Ⓗ 화-토 13:00~21:00, 일, 월, 공휴일 휴무   Ⓜ Map → 1-S6

f-3. 비빌언덕 중개사무소

중개사무소라는 이름처럼 정보를 모으고, 알려주는 허브 역할을 하는 곳. 완주를 살아가는 청년들에게 필요한 일자리부터 교육, 행사, 생활, 문화, 지역 정보까지. 다양한 정보를 한눈에 살펴볼 수 있다.

h. 청촌방앗간

고산청년공간인 청촌빙앗간. 우리늘의 깨볶는 완주살이라는 슬로건을 내걸고 각 분야의 여러 청년이 모여 청년들을 위한 문화, 예술, 공예 체험, 커뮤니티 등 다양한 프로그램을 기획, 진행하고 있다.

Ⓐ 전북 완주군 고산면 남봉로 134
Ⓣ 063-262-3111
Ⓗ 13:00~18:00, 일, 월요일 휴무
Ⓜ Map → 1-S4

Places in Gosan

하나, 고산 음식점 추천!
간혹 주인의 변덕에 따라 영업을 안 할 때도 있다. 걱정 마시라. 고산은 작은 동네. 가까운 거리에 음식점들이 많이 자리해 있다. 아쉬운 마음은 접어두자.

둘, 고산 카페 추천!
고산은 오손도손 이야기할 수 있는 소박한 공간들이 많다. 조용해서 나만 알고 싶은 곳. 고산의 카페는 잠시 쉬었다 갈 수 있는 느티나무와 같은 안락함을 선사한다.

고산미소한우
하루 120그릇 한정인 갈비탕이 인기 메뉴. 평일, 주말에 상관없이 가급적 10시 30분 이전에 오면 먹을 수 있다. 갈비탕의 인기 비결은 고기가 많이 들어 있고, 진한 국물도 한몫한다. 싱싱한 육회가 듬뿍 들어 있는 생고기 비빔밥은 갈비탕 다음으로 추천한다. 비빔 고추장이 한 층 맛을 업그레이드해 준다. 무엇보다 아래층에서 소고기를 사 오면, 바로 구워 먹을 수 있다. 정육점에서는 종종 2+1 등 할인 행사를 진행한다.

Ⓐ 전북 완주군 고산면 남봉로 135 Ⓣ 063-261-4088
Ⓗ 매일 09:00 - 20:30 1층 정육점 매일 11:00 - 21:00 2층 식당
Ⓘ http://www.gosanmiso.com Ⓜ Map → 1-R2

서쪽숲에네발요정이내린커피
고산 사람들의 단골 카페. 요정은 커피뿐만 아니라 따뜻한 수제차와 유기농 허브티도 내어준다. 계절을 타는 건강 미숫가루 라떼와 아이스 딸기 스무디, 그리고 팥빙수 등이 있다. 진짜 진한 아이스크림도 별미. 계산대 한 쪽에 진열해둔 커피 원두와 빵은 완주 농부들의 제품들. 서로 돕고 사는 그림에서 다정한 온기를 느낀다.

Ⓐ 전북 완주군 고산면 남봉로 135 Ⓣ 070-7631-8487 Ⓜ Map → 1-C1

초원국수
외관부터 맛집 분위기를 풍기는 곳. 칼국수와 보리밥을 추천한다. 쫄면을 좋아한다면 약간 매콤한 쫄면도 맛있다.

Ⓐ 전북 완주군 고산면 읍내2길 3-1 Ⓣ 063-262-5139 Ⓜ Map → 1-R1

깜빠뉴
이곳이 인기 있는 이유는 커피의 맛도 좋지만, 건강한 빵 때문. 100% 수제 천연발효 빵으로 건강하면서도 맛있어 한 번 집으면 계속 먹게 된다.

Ⓐ 전북 완주군 고산면 고산로 147-9 Ⓣ 010-2889-9176
Ⓗ 11:00~18:00, 일, 월요일 휴무 Ⓘ @pan_perezoso Ⓜ Map → 1-C2

고산촌
고산면에 자리한 식당으로 신선하고, 풍미가 깊은 최고급 한우를 이곳에서 맛볼 수 있다. 한우 외에도 갈비탕, 육회비빔밥 등 식사 메뉴도 있다.

Ⓐ 전북 완주군 고산면 남봉로 132-4 Ⓣ 063-261-8899 Ⓗ 10:30~21:00
Ⓜ Map → 1-R3

백여사국밥
든든한 한 끼를 채워줄 수 있는 곳. 소머리국밥, 순대국밥, 돼지머리국밥 등 다양한 국밥 종류가 있다. 자신의 입맛에 맞춰 국밥을 시켜 먹어보자.

Ⓐ 전북 완주군 고산면 남봉로 130 Ⓣ 063-262-5689 Ⓜ Map → 1-R4

Mountain & Forest

완주의 산과 숲

등산이 대세다! 천천히 산을 타다 보면 날쌘 다람쥐도 만나고, 계절에 따라 피었다 지는 꽃도 만난다. 산에 올라갔다 내려갔다 하는 모양새가 인생의 오르막길과 내리막길을 연상시켜 그 의미가 다르게 다가온다. 자연과 한 뼘 더 가까워지는 시간이기도 하다.

Plus info. 싱그랭이 콩밭식당

두부가 만들어지는 곳에서 두부를 바로 먹을 수 있다는 점! 그 점에서 큰 의미를 찾을 수 있다. 들깨와 짬뽕 순두부가 유명하다. 빨갛게 양념이 된 햄과 같은 도시 반찬들도 있지만, 구수하고 정감 있는 시골 반찬들도 있다. 식사를 마치고, 식당 옆 약 500년 동안 마을을 지켜온 느티나무 아래 평상에 드러누워 맑은 공기를 마셔볼 것.

- Ⓐ 전북 완주군 경천면 경가천길 377
- Ⓣ 063-262-2929   Ⓜ Map → 1-R6

경각산 패러글라이딩

완주의 풍경을 발아래에서 볼 수 있는 경험을 할 수 있다. 해발 350m에서 뛰어내리면 완주의 전경이 펼쳐지며, 완주의 바람, 자연을 온몸으로 느낄 수 있다. 방탄소년단이 이곳에서 패러글라이딩을 하면서 더 유명해졌으며, 다이나믹, 익스트림 등 체험비행 코스가 다양하다.

- Ⓐ 전북 완주군 구이면 덕천리 420-14   Ⓣ 063-223-3994
- Ⓟ 기본 평일 70,000원, 주말 80,000원

대둔산 케이블카

매 20분마다 출발한다. 사람이 많을 경우 6분 간격으로 운행된다. 케이블카 전체가 통유리창으로 되어 있어 대둔산 풍경을 감상할 수 있다. 산이 겹겹이 쌓여있는 듯한 풍경은 한 폭의 수채화 그림을 보는 듯하다.

- Ⓐ 전북 완주군 운주면 대둔산공원길 55
- Ⓣ 063-263-6621   Ⓗ 평일 9:00~18:00 주말 9:00~18:00
- Ⓟ 대인 왕복 11,500원 편도 8,500원   Ⓜ Map → 1-★2

c. 화암사

불명산의 중턱에서 예술적인 자태를 드러내는 화암사. 7세기 말경 세워진 이곳은 한국전쟁 당시 불타 없어질 위기에 처했으나 마을 주민들이 구했다고 전해진다. 화암사에 갔다가 오는 길은 왕복 1시간이 걸리며, 147계단을 걸으면서 생각에 잠기다 보면 안도현 시인의 <잘 늙은 절, 화암사>의 구절처럼 잘 늙은 절 한 채가 햇빛을 품에 안은 채 놓여있다.

- Ⓐ 전북 완주군 경천면 화암사길 271   Ⓣ 063-261-7576
- Ⓗ 하절기 8:00~17:30, 동절기 8:30~17:00
- Ⓜ Map → 1-★3

a. 대둔산

전라북도와 충청남도의 경계에 있어 두 지방의 도립공원으로 지정되었다. 케이블카를 타고 올라가는 게 보편적이나, 짧지만 가파른 등산길도 있다. 특히 용이 승천했다고 전해지는 용문굴과 용이 하늘로 올라갈 때 7개의 별이 떨어져 7개의 봉을 만들었다는 칠성봉의 전망대로 향하는 등산길이 가장 인기가 많다.

Ⓐ 전북 완주군 운주면 산북리 611-34
Ⓜ Map → 1-★1

> **Tip.**
> 대둔산 등산 최단 코스
> 케이블카 – 대둔산구름다리 – 삼선계단 – 마천대
> 매 20분마다 출발하는 케이블카를 탄 후, 수려한 산세를 조망할 수 있는 대둔산구름다리를 지나, 길이 36m, 경사 51도로 아찔한 경험을 할 수 있는 삼선계단을 타고 오르면 마천대에 다다를 수 있다.

b. 불명산

싱그랭이 요동마을이라는 이름을 지닌 마을에 있다. 싱그랭이 요동마을은 전주와 금산을 잇는 마을로 옛날부터 여행객들이 휴식을 즐기는 곳이다. 싱그랭이 이름의 유래는 헌 짚신을 새 짚신으로 갈아신고 가는 모양새를 보고 '신거랭이'라고 한 것이 부드럽게 변화된 것. 두부와 함께 곶감이 경천면의 특산품. 곡식이 무르익는 가을이 되면 주렁주렁 매달려 자연 바람에 말려지는 곶감들을 볼 수 있다.

Ⓐ 전북 완주군 경천면 가천리   Ⓜ Map → 1-★4

d. 대아수목원

과거 전국 8대 오지였던 대아수목원. 일반인들의 접근이 어려워 총 2,704종의 다양한 식물이 자연 그대로 보전될 수 있었다. 식물 마니아라면 주목! 희귀 식물 160종류가 포함되어 있다. 그래서인지 대아수목원으로 향하는 드라이브 코스마저 좋다. 사계절 내내 힐링할 수 있는 곳이기도 하다.

Ⓐ 전북 완주군 동상면 대아수목로 94-34   Ⓣ 063-280-4590   Ⓗ 3~10월 09:00~18:00 / 11~2월 09:00~17:00 (1월1일, 설날/추석 당일 휴원)   Ⓜ Map → 1-★12

e. 모악산

처음 산을 오를 때 자연이 선물하는 배경음악, 계곡의 시원한 물소리에 집중해보자. 산 중턱에 자리한 가파른 돌계단만 넘으면, 대원사에 닿는다. 이른 시간일 경우 검소한 스님의 맑은 목탁 소리도 들을 수 있다. 스님의 뒷모습을 바라보며 들숨 날숨. 잠시 숨을 고른다. 이어 만나는 작은 절, 수왕사에서는 삶을 돌아보게 만드는 나긋한 음성이 스피커를 통해 방송된다.

Ⓐ 전북 완주군 구이면 모악산길 91   Ⓣ 063-290-2752 (모악산 도립공원 관리사무소)   Ⓜ Map → 4-★4

f. 공기마을 편백나무숲

조용하고 한적한 숲길. 치유의 숲이라는 팻말 이름 그대로 누군가와 걷거나 홀로 걸으며 힐링하기에 최적이다. 하늘을 향해 그 끝을 알 수 없는 편백나무들을 바라보고 있으면 근심이 사라지기 마련. 촘촘한 나무들 사이를 걷다가 나무 벤치에 앉아 숨을 고른다. 깨끗한 유황물이 흐르는 족욕탕도 있다.

Ⓐ 전북 완주군 상관면 죽림리 산214-1
Ⓗ 연중무휴   Ⓟ 입장료 무료   Ⓜ Map → 4-★7

SAMRYE
역사와 문화가 재생되는 삼례읍

삼례는 온화한 날씨와 곡식이 많이 나는 만경평야에 속해 있는 지역이다. 일제강점기 당시 군산, 익산, 김제와 일본의 양곡 수탈을 겪었다. 삼례역 철도는 군산으로 양곡을 옮기는 데 사용되었고, 큰 조석 간만의 차를 이용해 배도 운송수단이었다. 삼례는 그러한 역사적 사실에 대한 아픔을 문화예술로 승화시켰다. 과거 수탈의 요지였던 양곡창고들은 상처를 딛고, 새로운 문화 공간으로 탈바꿈했다. 삼례는 더 좋은 공간을 위해 꿈꾸고 있다.

1. 삼례문화예술촌

Ⓐ 전북 완주군 삼례읍 삼례역로 81-12 일원
Ⓣ 070-8915-8121(8122)   Ⓜ Map → 2-★2

일제강점기 수탈 이후 2010년까지 실제 곡식을 보관하는 창고로 사용되었던 삼례 양곡창고. 그 창고가 미술관, 카페, 극장 등 다양한 문화생활이 가능한 공간으로 변신했다. 하나의 예술 마을이 조성된 듯해 유유자적 산책만 해도 좋다. 창고 7개 동의 입구에서 기웃거리다 보면, 들어가고 싶어질 게 분명하다. 전시, 체험 등 직간접적으로 삶에 닿은 문화 예술을 접할 수 있다.

2. 가치식당

외식 분야에 다양한 아이디어를 가진 청년들이 모여 만든 외식 문화 공간. 덮밥전문점 덮고식당부터 일본식 돈가스를 파는 유정카츠, 베트남 쌀국수를 맛볼 수 있는 보물밥상까지. 공유주방 안에서 청년들이 개발한 맛있는 음식을 맛볼 수 있다.

Ⓐ 전북 완주군 삼례읍 삼례나들목로 338-33
Ⓗ 11:00~20:00, 휴무일 상이   Ⓜ Map → 2-R15

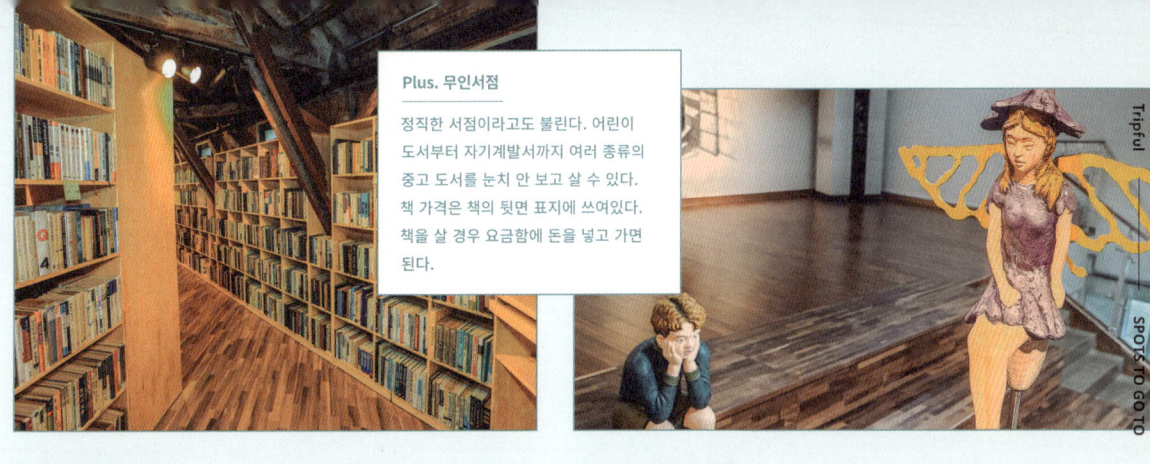

> **Plus. 무인서점**
> 정직한 서점이라고도 불린다. 어린이 도서부터 자기계발서까지 여러 종류의 중고 도서를 눈치 안 보고 살 수 있다. 책 가격은 책의 뒷면 표지에 쓰여있다. 책을 살 경우 요금함에 돈을 넣고 가면 된다.

3. 삼례책마을

양곡을 쌓아뒀던 곳이 지식을 보관하는 창고로 새롭게 태어났다. 고서가 잘 분류되어 있어 찾기 쉽다. 고서점 '호산방'을 포함해 서점이었던 곳들의 서적들이 모여있는 것이 특징. 책 내음이 커피 향과 뒤섞여 또 다른 풍미를 자아내는 북카페가 있다. 북카페에서 책에 홀려 장시간 앉게 된다. 전시와 강연 시설도 갖췄다.

> Ⓐ 전북 완주군 삼례읍 삼례역로 68　Ⓣ 063-291-7820
> Ⓗ 매일 10:00~22:00　Ⓤ http://www.koreabookcity.com
> Ⓜ Map → 2-★1

4. 그림책미술관

2021년 4월, 새롭게 오픈된 곳. 1950년대 지어진 양곡창고를 개조해 지식창고로 재탄생되었다. 그림책 미술작품의 전시와 문화 그리고 음악 뮤지엄 공간이 마련되어 있다. 상설전시로 「빅토리아시대 그림책 3대 거장」 전을, 개관 기념전으로 「요정과 마법의 숲」 전을 선보인다. 「요정과 마법의 숲」 전에서는 미국 동화작가 호프 그레이브스의 1940년대 미발표 원고와 아일랜드의 그림책 작가 나오미 헤더의 삽화 34장이 함께 전시된다.

> Ⓐ 전북 완주군 삼례읍 삼례역로 48-1
> Ⓜ Map → 2-★3

5. 삼례시장

3, 8일이 장날임을 알아두자. 장날이 아닌 날에 갈 경우 한적한 골목을 만난다. 장날에는 상인들이 횡단보도까지 나와 있어 발 디딜 틈이 없다. 상추를 포함한 각종 야채부터 핫도그 등 먹거리까지 다양한 품목을 볼 수 있다. 장이 파하기 전, 몇 군데에서는 마감 세일을 하기도 한다. 사실 시장은 구경만 해도 즐겁다.

> Ⓐ 전북 완주군 삼례읍 삼봉로 6
> Ⓜ Map → 2-S1

> **Plus. 삼례시장 청년몰 삼삼오오**
> 청년 상인들의 창업공간. 그만큼 청년들의 열정이 느껴지는 곳. 식당과 카페 그리고 공방이 모여 있다. 내부는 비교적 넓고, 테이블 개수도 많다. 평소 조용하나, 장날 식당을 찾은 단골들로 왁자지껄하다. 특히 '米쁘다'는 가정식 백반을 뷔페처럼 마음껏 먹을 수 있게 해놨다. 모녀가 손수 만드는 전라도식 반찬들이 남녀노소 입맛을 사로잡는다.
>
> Ⓐ 전북 완주군 삼례읍 삼봉로 6
> Ⓣ 063-291-8899　Ⓘ @samnyeym

> **Plus. 비비정예술열차**
> 필시 해 지는 시간에 맞춰 갈 것. 붉게 타오르는 햇빛이 푸른 빛의 만경강과 대조되어 더욱더 빛난다. 실제 열차를 활용해 만든 식당 겸 카페인 비비정 예술 열차 안에서 보는 풍경도 멋스럽다. 비비정 정자에 서서 바라보는 것도 괜찮다. 노을과 사랑에 빠지는 시간은 단 1분도 채 되지 않는다.
>
> Ⓐ 전북 완주군 삼례읍 비비정길 73-21
> Ⓣ 063-291-8606　Ⓜ Map → 2-★5

Village Experience

완주에서 즐기는 마을 체험

완주는 넓은 땅을 보유한 만큼 재배할 수 있는 품목 수가 다양하다. 특히 자연재해의 빈도수가 현저히 적어 지속적인 농산물 재배가 가능하다. 완주 사람들은 이러한 특징을 활용해 카페, 음식점에 이어 체험 마을까지 만들었다. 완주가 아니면 할 수 없는 체험들로 각 지역적 특색을 살려 이색적이다.

소양

1. 대승한지마을

세계적으로 뛰어난 고려지의 원산지, 대승한지마을. 4백여 년 전부터 깨끗한 물과 닥나무 재배를 통해 전통한지를 생산해온 마을이다. 한지의 역사를 볼 수 있는 한지생활사 전시관뿐만 아니라 한지가 제조되는 과정을 볼 수 있는 한지제조장까지 있다. 전통한지를 직접 만들어볼 수 있는 체험 프로그램도 마련되어 있으니 이곳에서 한지의 우수성과 역사를 공부하는 시간을 가져보자.

Ⓐ 전북 완주군 소양면 복은길 18　Ⓣ 063-242-1001
Ⓤ hanjivil.com　Ⓜ Map → 3-★9

경천

2. 경천애인 농촌사랑학교

경천애인. 하늘을 공경하고 사람을 사랑하라는 뜻이 담긴 이름이다. 구룡촌과 편백숲이 어우러져 휴식하면서 체험할 수 있는 공간으로 각광 받는다. 자연의 오행과 인간의 오감을 연계한 다양한 체험 프로젝트가 구비되어 있다. 직접 고구마, 땅콩, 블랙베리 등 다양한 작물을 수확 할 수 있는 체험이 있고 계절에 따라 변동된다. 전통 초가와 황토벽돌집에서 머물 수 있는 숙박시설도 잘 되어 있어 단체 관광객들로부터 인기 만점이다.

Plus. 경천에서 하루

경천애인 농촌사랑학교 가는 길에 자리한 카페로 직접 수확한 특산물을 활용한 음료들을 맛볼 수 있다. 치즈 호두말이 곶감 만들기 등 체험도 할 수 있다.

경천애인 농촌사랑학교
Ⓐ 전북 완주군 경천면 오복대석길 45　Ⓣ 063-263-5555
Ⓤ www.경천애인.com　Ⓜ Map → 1-★5

경천에서 하루
Ⓐ 전북 완주군 경천면 오복대석길 22　Ⓣ 063-261-9900
Ⓤ gcharu.com　Ⓜ Map → 1-C3

[이서]

3. 콩쥐팥쥐동화마을

완주 이서면에 자리한 앵곡마을에 들어서면 전래동화 콩쥐팥쥐의 그림들이 벽 곳곳에 그려져 있다. 앵곡마을은 콩쥐팥쥐의 배경이 되는 곳으로 콩쥐팥쥐를 주제로 조성한 포토존이 마을 전체를 꾸미고 있어 이야기 속에 들어온 것 같은 느낌이 든다. 꽃신과 항아리 조형물, 콩쥐가 빠진 우물 터도 이곳에서 볼 수 있다.

Ⓐ 전북 완주군 이서면 신지앵곡길 232 Ⓜ Map → 5-★1

[구이]

4. 구이안덕건강 힐링체험마을

모악산 남쪽 부근에 위치한 마을. 완주 태생 사람들에 의하면 이 마을에서 동굴이 발견된 이후, 황토한증막이 생겼다. 동굴의 이름은 금광동굴. 산책이 가능하고, 서늘해서 여름 방문을 추천한다. 안덕마을에서 제공하는 체험프로그램으로는 한증막, 뜸 그리고 한방향기 주머니 만들기 등이 있다. 4인부터 12인 수용 가능한 황토펜션 등 숙박시설도 있다.

> **안덕한증막**
> 한약재 물로 황토를 비벼 만든 막을 한증막이라고 한다. 노폐물이 잘 배출됨은 물론, 전통 구들방식으로 옛 것을 고수했다. 남녀노소 즐겨 찾는 곳.

Ⓐ 전북 완주군 구이면 장파길 72 Ⓣ 063-227-1000
Ⓤ www.poweranduk.com Ⓜ Map → 4-★2

> **Don't Miss. 다듬이 할머니 연주단**
> 70~80대 할머니들로 구성된 전국 최초의 다듬이 연주단. 옷감의 구김살을 펴듯 정성스럽게 다듬이를 두들기며 하모니를 만들어 낸다. 전통 다듬이 소리를 계승해 제48회 완주군민의 장, 문화체육장에 선정되었다. 고산창포마을에서 상시로 공연하고 있다.

[고산]

5. 고산창포마을

대아저수지를 끼고 있는 마을. 머리가 좋아진다고 하여 약재로 쓰였던 창포가 많이 발견되어 창포마을이라 불린다. 대아저수지를 끼고 있으며, 빨갛게 익어가는 감나무들을 흔하게 볼 수 있다. 다듬이 할머니 연주단의 공연이 가장 유명하며, 창포물에 머리 감기 체험, 창포 샴푸 또는 비누 만들기 등 지역 특색에 맞는 프로그램들을 운영 중에 있다.

Ⓐ 전북 완주군 고산면 대아저수로 392 Ⓣ 063-261-7373
Ⓤ www.changpovil.com Ⓜ Map → 1-★10

[용진]

6. 용진두억행복드림마을

감나무, 블랙베리 수확 등 농사 체험을 중심으로 과거시험 치르기, 지게가락 공연 옛날 장면을 재현한 활동들을 제공한다. 특히, 과거시험 경우 조선시대 신분증인 호패도 만들 수 있다. 짚을 이용해 각자가 생각하는 허수아비의 표정을 만들고, 옷도 만들어 입혀볼 수 있는 허수아비 모형 만들기 체험도 인기 만점. 3인실부터 가능한 전통 한옥이 있어, 하루 정도 더 머물러도 좋다.

Ⓐ 전북 완주군 용진읍 두억길 12-12 Ⓣ 063-247-0050
Ⓤ cafe.daum.net/happybongse Ⓜ Map → 2-★9

EAT UP

순두부부터 국수, 묵은지 닭볶음탕 그리고 로컬푸드를 직접 맛볼 수 있는 곳까지! 오랜 기간 완주의 역사와 전통이 깃든 푸드 로드를 소개한다. 식당에서 나오는 순간 데굴데굴 굴러갈 만큼 푸짐한 인심을 맛볼 수 있다. 완주의 멋스러운 자연을 바라보며 마시는 커피 한 잔도 잊지 말 것. 빵이나 찐빵과 함께하면 더욱 좋다.

[SPECIAL]
WANJU LOCAL FOOD
완주 로컬 음식

01
KOREAN BRAISED SPICY CHICKEN
묵은지 닭볶음탕

02
SOFT TOFU STEW
속이 편한 순두부찌개

03
LOCAL RECOMMENDATION
로컬까지 사랑한 식당

04
RESTAURANT
맛과 분위기를 다 잡은 레스토랑

05
NOODLES
혼자 또는 둘이서, 맛있는 면요리

06
KOREAN WHOLE FRIED CHICKEN
옛날 통닭

07
CAFE IN WANJU
완주가 담긴 카페

08
ENJOY COFFEE IN WANJU
커피 한 잔으로 즐기는 여유

09
WITH MY DOG
반려견 동반 카페

10
BREAD & DESSERT
빵과 디저트

11
STEAMED BUNS
길거리 간식, 찐빵

12
WANJU MAKGEOLLI
완주 막걸리

[SPECIAL]
WANJU SPECIALITY
완주 특산물

Wanju Local Food Special

완주 로컬 음식

완주는 2020년 전국 159개의 시와 군 가운데 유일한 S등급을 받아 최우수 로컬푸드 1번지로 선정되었다. 대한민국에서 가장 먼저 생겼고 그동안 전국 최다 매장 수와 최대 매출수 등 기록을 세웠다. 완주 로컬푸드에서는 신선한 상품을 만들어내는 생산자뿐 아니라 물건을 사는 소비자 둘 다 중요한 역할을 수행한다. 품질을 보증해주는 제도를 직접 도입해 편리성과 안정성을 보장했고, 일부 농민들을 위해 가공설비와 영업장을 구축한 거점 농민 가공센터를 제공하고 있다.

Interview
권 승환
완주로컬푸드협동조합 이사장

완주로컬푸드협동조합은 어떤 취지로 설립하게 되었나요?
지난 2013년 12월 이후 협동조합으로 전환되었어요. 천 명이 넘는 농가 분들과 직원들 수를 합하면 1,300명 정도 됩니다. 완주로컬협동조합에서 운영하는 직매장은 완주군에 자리한 3곳과 전주시에 있는 3곳, 총 6곳입니다. 고령농과 소농들을 중심으로 농부들이 지속해서 월평균 150만 원 선의 월급을 받을 수 있게 하는 취지 아래 형성되었습니다. 많은 농가가 현재 완주로컬푸드협동조합으로 인해 꿈을 실현하고 있습니다.

어떤 방식으로 꿈을 실현하고 있나요?
농부들이 이제 자신의 매장을 갖게 되었습니다. 이전에는 농사를 지어도 팔 곳이 마땅치 않거나 상인들의 의견에 따라 가격이 책정되곤 했어요. 이제는 이야기가 달라졌죠. 완주로컬푸드협동조합이 운영하는 로컬푸드 직매장에서 말 그대로 소비자들과 직거래가 가능해지고, 물건을 제값에 판매할 수 있게 되었습니다. 실질적으로 자신만의 가게를 갖게 된 거죠. 또 생산자와 소비자들 간의 소통이 원활해졌어요. 생산자들은 소비자들이 어떤 품목을 가장 많이 찾고, 필요한 품목이 무엇인지 바로 알 수 있게 되었습니다. 고로 완주는 다품목 소량 생산이 주된 지역입니다.

긍정적인 변화가 많이 있었네요.
그러면서 오는 부정적인 요소들이 있어요. 경쟁이 조금씩 치열해지기 시작했습니다. 돈이 적게 들고, 수수료 없이 물건을 직거래 할 수 있다는 이점을 노린 대농들이 등장하기도 했고요. 저희 완주로컬푸드협동조합은 초심으로 돌아가기 위해 노력하고 있습니다. 소농과 고령농 위주의 농가들을 돕기 위해 설립했던 초창기 목표를 다시 되새기면서 말입니다.

완주 로컬푸드만의 특별함
완주군에서 직접 로컬푸드의 품질을 보증해주고 있다. 전국에 품질 보증해주는 곳은 손에 꼽는데 그중 하나가 완주다! 농약 유무 건사도 철지히 행하시고 있으며 품목 진열 기간 또한 정해져 있다. 소비자들 입장에서는 신선하면서도 보장된 건강한 먹거리를 먹을 수 있다. 농산물 가격은 달라지는 환경에 상관없이 항상 평균적으로 안정적이다. 이점은 특히 소규모 농장을 운영하는 판매자들에게 매력적으로 다가온다.

생산자만큼 소비자도 핵심 역할
로컬푸드 직매장이란 단순히 소비자들이 농산물을 직접 살 수 있는 곳이 아니다. 매장과 농장 사이의 거리를 효율적으로 줄이면서, 농부들이 더 많은 품목을 재배할 수 있게 한다. 이때 소비자들이 더 많은 관심을 가지고 활발히 소비한다면 로컬푸드 세계에는 전보다 더 안정적인 체계가 만들어진다. 농부들은 안정적인 삶을 지탱하고, 더 나아가 자립할 수 있게 된다. 서로 상생하는 삶이 완주 로컬푸드 직매장에서 자연스럽게 이뤄진다.

> 구이

1. 농가레스토랑 행복정거장

농가들의 땀과 노력으로 키운 신선한 재료들을 밥상으로 가져왔다. 남녀노소 다 좋아할만한 뷔페 스타일로 양배추쌈, 동치미, 구운 버섯 등 건강한 재료를 이것저것 맛볼 수 있다. 튀김류와 디저트류 등 종류가 다양하고 밥 경우 현미, 백미, 찰밥 그리고 죽까지 있다. 맛은 삼삼하고, 좋은 재료를 그대로 몸에 흡수하는 느낌을 준다.

Ⓐ 전북 완주군 구이면 모악산길 95 Ⓣ 063-905-5720 Ⓗ 11:30~15:00 점심 (2시까지 입장가능) Ⓟ 대인 12,000원 초등학생 7,000원 Ⓜ Map → 4-R1

> 삼례

2. 새참수레

슬로우 푸드를 중시하는 요즘 시대에 발맞춰 걷고 있다. 친환경 농산물을 활용해 음식을 만들어 뷔페식으로 제공한다. 쌈채소, 유정란을 넣은 비빔밥, 직접 생산한 두부 등 영양과 맛 둘 다 갖춘 음식을 맛볼 수 있다. 버섯묵, 버섯탕수육, 단호박피자 등 시중에서 쉽게 볼 수 없는 담백하고 건강한 요리도 있어, 접시에 담는 재미가 있다.

Ⓐ 전북 완주군 삼례읍 삼례로 73 Ⓣ 063-261-4279 Ⓗ 월~토 11:30~14:00 일요일 휴무, 첫째주 월요일 휴무 Ⓟ 대인 12,000원 초등학생 9,000원 Ⓜ Map → 2-R1

KOREAN BRAISED SPICY CHICKEN : 묵은지 닭볶음탕

Korean Braised Spicy Chicken
묵은지 닭볶음탕

평범한 닭볶음탕은 가라! 역시 전라도 김치다. 3년 이상 푹 익어 묵은지가 된 김치가 토종닭을 만났다. 집마다 다른 김장김치로 요리해, 저마다 다른 개성의 묵은지 닭볶음탕이 탄생했다. 김치가 주를 이루지만, 닭도 부각시켰다. 환상의 콜라보가 아닐 수 없다. 완주에서 닭볶음탕이 유명하다는 사실은 어째 현지 사람들만 알고 먹는 것 같다.

닭볶음탕 TIP.
테이블 한가운데에 족히 4~5인분이 되어 보이는 요리가 나오면, 둥글게 앉아 닭발부터 목뼈까지 알차게 닭 한 마리를 뜯기 시작한다. 김치뿐만 아니라 양념의 비법도 집마다 다르다. 묵은지 닭볶음탕은 알고 보면 완주의 신토불이 음식인 셈. 한 번 맛을 보면 그 맛을 잊지 못할 것. 양이 많다고 주저하지 마라. 포장도 가능하다.

[소양]

1. 송광산장

오래 끓여도, 탄탄하고 쫄깃한 식감을 자랑하는 고기. 시큼한 묵은지와 고추장, 고춧가루 양념이 삼박자로 잘 어우러져 맛있는 매운맛을 자랑한다. 매운 걸 좋아하고 잘 먹는 사람이라면 이곳으로! 콧등에 기분 좋은 땀이 난다. 양념 소스를 따로 모아 볶음밥을 해 먹어도 맛있을 것 같다. 탕 안에는 호박 고구마와 팽이버섯 그리고 대추가 있어 골라 먹는 재미가 있다. 식사는 공깃밥과 돌솥밥 중에 고를 수 있으며 밥맛 또한 아주 좋다.

Ⓐ 전북 완주군 소양면 송광수만로 219　Ⓣ 063-243-8154　Ⓗ 10:30~22:00 수요일 휴무
Ⓟ 묵은지 김치닭볶음탕 55,000원　Ⓜ Map → 3-R5

[소양]

2. 송전산장

"내 집에서 드시는 것처럼 집밥 느낌을 살렸다." 솜씨 좋은 주인장의 정성이 토란줄기 전 등 반찬 하나하나에 녹여있다. 고추, 고구마, 고춧가루 등 반찬과 요리에 들어가는 것 모두 직접 농사지어 만든 완제품이다. 보글보글 가스버너 위에서 끓여 나온 묵은지 닭볶음탕의 국물 한 숟가락을 떠먹으면, 양파와 꽈리고추가 만들어내는 깊고 맛있는 단맛이 난다. 밥과 비벼 먹으면 한 그릇은 금방 뚝딱. 담백한 닭고기와 감자 또는 고구마(제철에 따라 달라진다)도 들어 있다.

Ⓐ 전북 완주군 소양면 신지송광로 831 Ⓣ 063-243-5148 Ⓗ 11:00~20:00
Ⓟ 묵은지 닭볶음탕 45,000원 Ⓜ Map → 3-R3

[소양]

3. 대승가든

이 집은 김치로 승부수를 둔다. 한 포기도 아니고, 무려 세 포기의 묵은지가 들어있다. 덕분에 김치 하나를 놓고 싸우지 않게 된다. 탕보다는 찜에 가깝다. 소스처럼 진득한 국물에 고추장이 진하게 느껴진다. 떡볶이 양념 같다가도, 초등학교 입맛보다 어른의 입맛에 절묘하게 들어맞는다. 전체적으로 맛있게 달고 맛있게 맵다. 닭고기는 쫄깃하고 감자와 당근은 포실포실 잘 익었다. 집에선 잘 안 먹었던 야채들을 여기서는 자꾸 집어 먹게 된다.

Ⓐ 전북 완주군 소양면 대승길 7 Ⓣ 063-243-8798 Ⓗ 화~일 11:00~21:00 월요일 휴일, 명절연휴 휴무 Ⓟ 김치닭볶음탕 55,000원 Ⓜ Map → 3-R11

[구이]

4. 등산로집

모악산과 근접한 식당. 묵은지 닭볶음탕이 메인이지만, 일반 밥집으로도 유명하다. 등산이 끝난 사람들보다 인근 지역 사람들이 더 많이 찾는 집. 특히 김치찌개 맛집이다. 이집 묵은지 닭볶음탕에서도 김치의 존재가 빛을 발한다. 묵은지가 알맞게 짭짤해 중독되는 맛을 지녔다. 시골 할머니 댁에서 먹는 듯하고 운치가 있다. 주방이 오픈형이라 요리하고 있는 모습을 엿볼 수 있다. 닭고기를 참치 살처럼 부드럽게 만들어 먹기 편하다.

Ⓐ 전북 완주군 구이면 상하학길 99 Ⓣ 063-221-1365 Ⓗ 월요일 휴무 10:00~18:00 (19:00, 예약에 따라 변동) Ⓟ 묵은지닭볶음탕 45,000원
Ⓜ Map → 4-R3

Soft Tofu Stew
속이 편한 순두부찌개

엄마의 마음이 되어 두부를 만드는 조합들이 하나 둘 늘어나면서 순두부찌개 전문점들이 생기기 시작했다. 특히 소양면을 중심으로 생겨난 음식점들은 서로 누가 베스트인지 힘 겨루기를 하고 있는 상황. 그들을 혼내는 가장 최선의 방법은 모두 방문해보는 것밖에 없겠다. 평범하면서도 평범하지 않은 듯한 건 순두부찌개에 온전히 담은 완주의 정 때문이라 생각된다.

> 소양

1. 대흥전통순두부

국내산 콩 100%를 포함해 양파, 배추, 무 모두 직접 재배하고 조리하는 집. 기본 메뉴인 순두부찌개 두 가지 버전 모두 바지락이 들어있어 국물이 시원하다. 추천 메뉴는 유독 담백하고 깔끔한 맛을 내는 순두부찌개 백탕. 2인부터 4인까지 가능한 푸짐한 두부 버섯전골도 대표메뉴이다. 식사 후 두부 한 모 포장을 잊지 말 것.

Ⓐ 전북 완주군 소양면 송광수만로 282-3　Ⓣ 063-244-7980　Ⓗ 10:30~20:00 첫째 주 화요일, 셋째 주 화요일 오후 2시 이후 휴무　Ⓜ Map → 3-R4

> 소양

2. 송광순두부

우리 것이 좋아 장사를 시작했다는 주인장의 신념을 두부에 그대로 담았다. 구수하면서도 얼큰한 빨간색 국물이 속을 시원하게 한다. 들깻가루가 많이 들어있다는 점이 포인트. 주변에 식당이 없어도, 사람들이 찾는 건 맛에 대한 신념 때문이리라.

Ⓐ 전북 완주군 소양면 송광수만로 26　Ⓣ 063-244-7445 Ⓗ 06:00~18:00 연중무휴　Ⓜ Map → 3-R6

소양

3. 윤가네순두부 본점

편안한 내부 분위기로 포근한 느낌. 할머니가 보글보글 끓여주시는 순두부찌개 백반이 기본 메뉴. 푸짐한 저녁을 원할 시 오리 훈제, 두부 탕수육 등 요리가 포함된 윤가네 정식을 주문해보자. 순두부가 들어간 청국장 메뉴도 인기이다. 청국장이 짜지 않고 고소하다. 카페도 함께 운영하고 있어 두부와 커피 내음을 동시에 맡을 수 있다.

Ⓐ 전북 완주군 소양면 전진로 1011 Ⓣ 063-243-8220
Ⓗ 12:00~20:00 Ⓜ Map → 3-R8

소양

4. 원조화심순두부 본점

현지인들 수만큼 많은 여행객의 발길이 닿는 곳. 음식점 이름을 딴 화심 순두부찌개가 기본 메뉴이다. 빨간 국물이지만, 맵지 않고 양념 돈육이 들어있어 씹는 재미가 있다. 순두부찌개 외에도 콩을 활용한 두부 돈가스, 두부 탕수, 두부 빈대떡 등 다양한 콩 요리들을 판매하고 있다. 특히 두부 돈가스는 돈가스 특유의 식감을 살린 가운데 두부를 넣어 부드럽다.

Ⓐ 전북 완주군 소양면 전진로 1051 Ⓣ 063-243-8268
Ⓗ 08:30~20:30 명절 전날, 당일 휴무 Ⓜ Map → 3-R9

소양

5. 원조화심두부

원조 순두부 맛집. 이름의 다른 점이 중간에 '순'이 없을 뿐이지만, 외관이 다르고 찾는 사람들의 유형도 다르다. 여행객만큼 완주에 사는 주민들이 많이 찾는 곳. 가게에 들어가자 서로에게 왔냐며 정겨운 인사를 나눈다. 해물 육수로 우려내고 바지락이 든 화심순두부를 기본으로 두부를 활용한 여러 요리들을 볼 수 있다.

Ⓐ 전북 완주군 소양면 전진로 1066 Ⓣ 063-243-8952
Ⓗ 07:00~21:00 명절 휴무 Ⓜ Map → 3-R10

PLUS.

a. 원조화심순두부 본점

크기는 손바닥만 하다. 콩 도넛은 기름에 튀겼는데도 부드럽고 담백하다. 함께 주는 콩가루 설탕에 묻혀 먹으니 콩이 이렇게 맛있는 재료였나 싶다. 함께 파는 콩 쿠키, 콩 아이스크림도 즐겨 찾는 인기 메뉴이다.

Ⓟ 콩 도넛 2개 1,000원

b. 원조화심두부

서로의 얼굴을 알고 있는 단골들이 익숙하게 포장된 도넛 봉지를 사 가는 곳. 다소 짭조름하게 간이 되어 있다. 그 맛에 자꾸 손이 간다. 과거 도넛이 간식으로 귀했던 시절, 골목에서 야금야금 친구들과 나눠 먹은 옛 추억에 잠긴 단골들로부터 꾸준히 사랑받고 있다.

Ⓟ 도넛 5개 1봉지 2,000원

LOCAL RECOMMENDATION : 로컬까지 사랑한 식당

Local Recommendation
로컬까지 사랑한 식당

맛집을 찾는 가장 쉬운 방법은 로컬에게 추천받는 법. 괴물탕수육을 파는 중식당부터 45여 년이 넘은 순대국밥집까지. 로컬인들이 사랑하는 식당을 만나보자.

한정식
괴물탕수육
소고기 샤브샤브

[구이]
1. 오봉산가든

완주 로컬들이 손에 꼽는 중화요리 전문점. 이곳이 특히 인기 있는 이유는 맛도 맛이지만 가격 대비 푸짐한 양 때문이다. 중국집답게 짜장면, 간짜장, 쟁반짜장, 해물짬뽕, 볶음밥, 짬뽕밥, 탕수육 등의 메뉴로 구성되어 있다. 탕수육은 괴물탕수육이라고 불릴 만큼 많은 양이 나와 인원수에 맞춰 꼭 물어보고 주문하자. 튀김 옷도 얇고 속이 꽉 차 있어 짜장면과 함께 꼭 시켜먹어야 하는 메뉴이다.

Ⓐ 전북 완주군 구이면 구이로 305
Ⓣ 0063-221-7967 Ⓗ 11:00~20:00, 매월 첫째, 셋째 주 월요일 휴무
Ⓟ 탕수육 소 15,000원 Ⓜ Map → 4-R7

[고산]
2. 골목집

고산시장 옆에 위치한 한정식집. 메뉴가 따로 없이 한상차림으로 상이 차려진다. 제철 재료를 가지고 반찬을 만들어 그때그때 조금씩 반찬이 바뀐다. 감태와 김, 전, 매생이 죽, 홍어삼합 등이 기본으로 차려지며, 자극적이지 않아 건강하고, 든든한 한 끼를 챙겨 먹을 수 있어 로컬들이 많이 찾는다. 4인 기준 금액을 받으며, 2, 3인이 와도 똑같은 금액을 내야 하니 이점 참고해서 방문할 것. 예약 필수이다.

Ⓐ 전북 완주군 고산면 고산로 97-5
Ⓣ 063-262-5176 Ⓗ 12:00~21:00, 둘째, 넷째 주 일요일 휴무 한정식 4인 70,000원
Ⓜ Map → 1-R5

[용진]
3. 소래버섯나라

소양교를 건너면 바로 만날 수 있는 소고기 버섯 샤브샤브 전문점. 메뉴는 소고기샤브와 한우샤브 두 종류이다. 수북하게 쌓인 소고기와 여러 종류의 버섯, 당면, 떡, 낙지 등이 함께 나와 끓는 육수에 퐁당 넣어 먹으면 된다. 잘 익은 고기와 야채, 버섯을 소래버섯나라 특제 소스에 찍어 먹으면 금상첨화. 고기를 다 먹은 후 김치와 부추, 김 가루가 들어간 볶음밥으로 마무리하자.

Ⓐ 전북 완주군 용진읍 초포다리로 240
Ⓣ 063-245-3613 Ⓗ 10:30~22:30
Ⓟ 소고기샤브 소 34,000원 Ⓜ Map → 2-R14

오리주물럭

봉동

4. 향수원

오리주물럭 맛집. 이곳의 대표 메뉴는 역시 오리주물럭. 메뉴도 오리주물럭과 오리훈제로 간단하다. 각종 야채와 오리가 양념에 잘 버무려져 매콤하면서도 입맛을 사로잡는다. 오리주물럭에 콩가루를 올려 먹으면 고소한 맛이 배가 되니 꼭 올려 먹어 보자. 식전 함께 나오는 흑임자죽도 별미이다. 고기를 거진 다 먹은 후 볶음밥을 시켜 디저트 배까지 채워보자.

Ⓐ 전북 완주군 봉동읍 제상로 31　Ⓣ 063-261-4229　Ⓗ 11:30~21:00
Ⓟ 오리주물럭 반 마리 26,000원　Ⓜ Map → 2-R4

갈비구이

소양

5. 자연을 닮은 사람들

이름 그대로 자연과 함께 밥을 먹을 수 있는 곳이다. 황토로 지어졌으며, 내부도 황토로 되어 있어 밥을 먹기 전 벌써 건강한 기분이 든다. 이곳의 메뉴는 갈비구이, 오리훈제, 묵은지 닭 매운탕, 해물파전, 도토리묵무침, 들깨수제비 등이 있다. 대표 메뉴는 직접 구워져 나오는 갈비구이와 오리훈제. 메인 메뉴 외에도 자연 숙성으로 만든 발효 소스를 곁들인 샐러드와 손수 만든 반찬들이 정갈하면서도 깔끔하다.

Ⓐ 전북 완주군 소양면 소양로 270-14　Ⓣ 063-244-4567　Ⓗ 11:00~21:00, 화요일 휴무　Ⓟ 갈비구이 1인 14,000원　Ⓜ Map → 3-R13

순대국밥

삼례

6. 유성식당

1976년 오픈한 순대국밥집. 순대와 함께 여러 가지 돼지고기 부속을 넣은 푸짐한 순대국밥을 맛볼 수 있다. 국밥은 매콤한 양념이 들어가 칼칼하면서도 시원해 해장국으로도 최고이다. 아침 일찍 문을 여니 아침 메뉴가 고민이 된다면 순대국밥을 맛보길 바란다. 다만, 순대국밥에 순대가 들어가지 않으니 순대를 넣어 먹고 싶다면 주문할 때 미리 꼭 말해야 한다.

Ⓐ 전북 완주군 삼례읍 동학로 29　Ⓣ 063-291-8182　Ⓗ 07:00~22:00
Ⓟ 순대국밥 8,000원　Ⓜ Map → 2-R3

쭈꾸미정식

소양

7. 자연뜰

송광사를 지나 오성제에 가기 전 자리한 한식당. 이곳의 메인 메뉴는 쭈꾸미 정식이다. 바삭바삭한 새우튀김과 해물전도 함께 판매를 하지만 식사 메뉴는 쭈꾸미 정식 하나로 아삭한 콩나물과 함께 먹는 매콤한 주꾸미는 로컬들에게 꾸준히 사랑받고 있다. 매장도 넓어 여유롭게 식사를 하고 갈 수 있다.

Ⓐ 전북 완주군 소양면 송광수만로 395　Ⓣ 063-246-7048
Ⓗ 11:30~20:00　Ⓟ 쭈꾸미 정식 1인 13,000원　Ⓜ Map → 3-R14

RESTAURANT : 맛과 분위기를 다 잡은 레스토랑

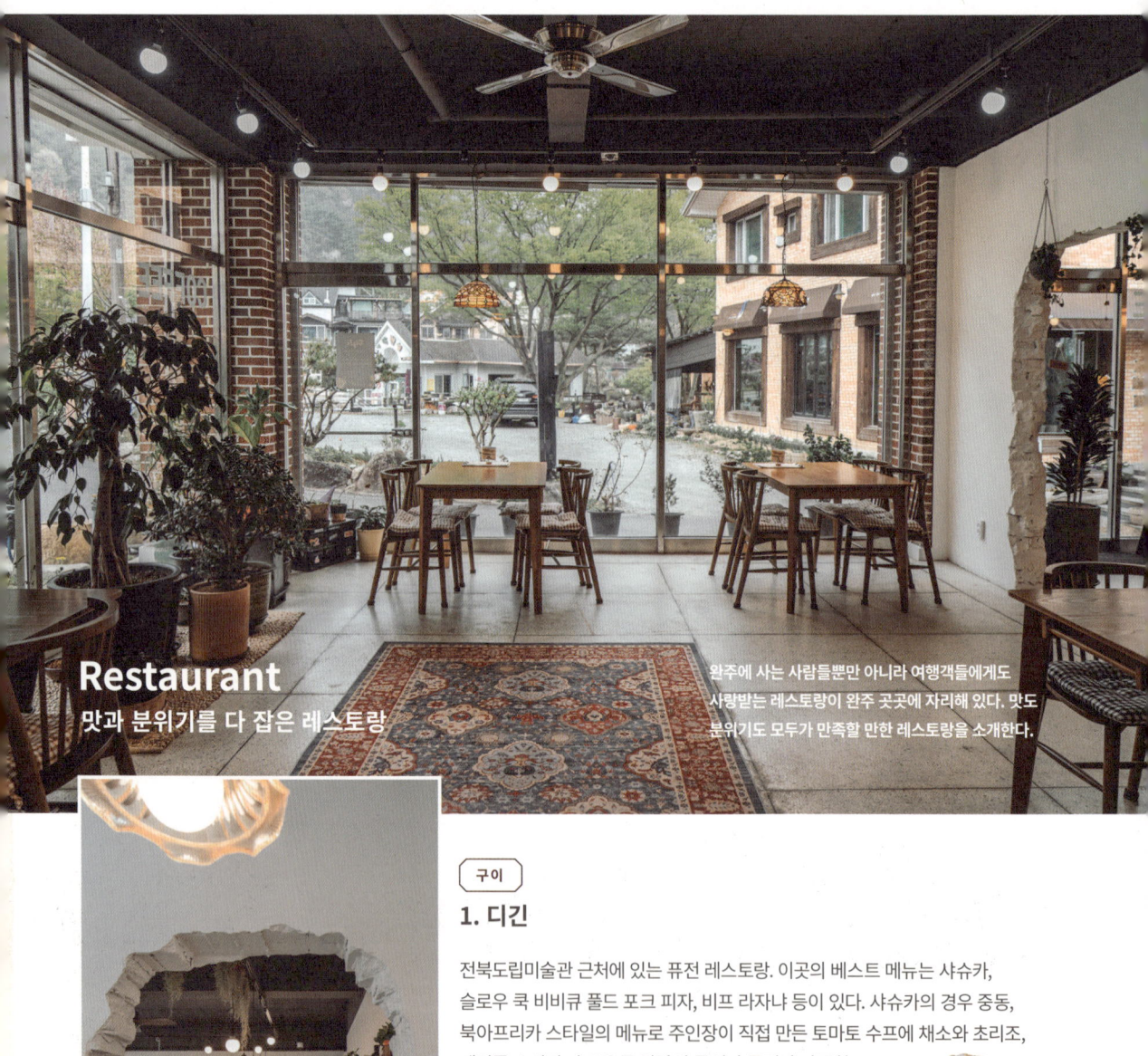

Restaurant
맛과 분위기를 다 잡은 레스토랑

완주에 사는 사람들뿐만 아니라 여행객들에게도 사랑받는 레스토랑이 완주 곳곳에 자리해 있다. 맛도 분위기도 모두가 만족할 만한 레스토랑을 소개한다.

구이

1. 디긴

전북도립미술관 근처에 있는 퓨전 레스토랑. 이곳의 베스트 메뉴는 샤슈카, 슬로우 쿡 비비큐 풀드 포크 피자, 비프 라자냐 등이 있다. 샤슈카의 경우 중동, 북아프리카 스타일의 메뉴로 주인장이 직접 만든 토마토 수프에 채소와 초리조, 메이플 소시지, 슬로우쿡 달걀이 들어가 풍미가 가득한 건강식이다. 식사 메뉴 외에도 베이커리, 케이크, 젤라또 등 디저트류도 주인장이 모두 직접 만든다.

ⓐ 전북 완주군 구이면 상하학길 105 ⓣ 070-7576-4797 ⓗ 수금 10:30~20:30, 주말 10:00~20:30, 월, 화요일 휴무 ⓟ 샤슈카 14,000원 ⓘ @digin_resto ⓜ Map → 4-R2

> 상관

2. 불칸

상관면에 위치한 퓨전 레스토랑. 불칸의 대표 메뉴는 훈연BBQ와 화덕에 구운 피자. 돼지갈비와 목살을 특제소스와 함께 숯에서 훈연시킨 돼지갈비BBQ 등 모든 메뉴가 맛있지만, 특히 이탈리아산 밀가루 카푸토만을 사용해 만든 불칸화덕피자는 슈림프와 루꼴라가 토핑되어 담백해 남녀노소 모두 맛있게 먹을 수 있다. 이외에도 고소한 크림과 꽃게, 대게 살이 들어간 게살 크림 파스타, 해산물과 매콤한 소스가 조화로운 상하이 스파이시 리조또 등을 판매한다.

Ⓐ 전북 완주군 상관면 왜목로 676-6 Ⓣ 063-287-9963 Ⓗ 11:00~21:00, 월, 화요일 휴무 Ⓟ 불칸피자 26,000원 Ⓘ @vulcan_jeonbuk Map → 4-R4

> 용진

3. 다정

노을이 지는 시간, 아름다운 석양과 함께 양식을 먹을 수 있는 레스토랑 겸 카페. 이곳에서는 파스타, 스테이크, 리조또, 필래프, 돈가스부터 가볍게 먹을 수 있는 토스트, 샌드위치, 샐러드까지 다양한 음식을 판매한다. 메뉴를 주문하면 다정에서 유기농 밀로 직접 구운 치아바타와 크림수프, 디저트가 제공된다. 내부뿐만 아니라 야외, 옥상 테라스에서도 먹을 수 있으니 날씨가 좋은 날 밖에서 식사를 해도 좋다.

Ⓐ 전북 완주군 용진읍 신지암로 45 Ⓣ 063-242-0802 Ⓗ 10:00~21:00 Ⓟ 까르보나라 14,000원 Ⓘ @dajeong_official Map → 2-R11

> 소양

4. 까미나레

1층은 카페, 2층은 레스토랑으로 운영되는 이탈리아 음식 전문점. 파스타, 피자, 스테이크, 리조또 등 다양한 음식을 선보이며, 연인과 함께 왔다면 까미나레 스페셜 코스를 시켜도 좋다. 와인과 함께 전채요리, 샐러드, 왕새우요리, 최상급 안심스테이크 등 코스별로 음식이 나와 사랑하는 이와의 시간을 보내기에도 안성맞춤이다. 메뉴가 고민된다면 까미나레에서 추천하는 오늘의 메뉴를 먹어보자.

Ⓐ 전북 완주군 소양면 모래재로 75-5 Ⓣ 063-247-5678 Ⓗ 11:40~21:00, 월요일 휴무 Ⓟ 스페셜 코스 1인 75,000원 Ⓘ @cammi_nare_ Map → 3-R12

NOODLES : 혼자 또는 둘이서, 맛있는 면요리

Noodles
혼자 또는 둘이서,
맛있는 면요리

완주의 면요리는 무궁무진하다. 잔치국수부터 칼국수, 팥칼국수 그리고 짬뽕까지. 아참, 국물이 없는 비빔국수도 있겠다. 간편하면서도 재료들이 듬뿍 들어있는 면요리는 나름 푸짐한 음식을 먹고 싶을 때에도 제격이다. 물론 면을 사랑하는 사람들은 예외. 단 한 그릇에서 푸근한 인심을 느끼기란 사실 쉽지 않은데, 면요리에서는 가능하다.

> **TIP.**
> 완주군 봉동읍에는 특히 면을 중심으로 최상의 재료와 맛을 만들어내는 음식점들이 모여있다. 국수를 다 먹고 나와서 찐빵을 손에 쥐고 읍내를 돌아다녀보자. 장날일 경우 시장 구경도 재미있다.

[봉동]

1. 들깨칼국수

가게 이름처럼 대표 메뉴는 들깨칼국수. 들깨를 좋아하지 않는 사람도 누구나 좋아할 만한 걸쭉한 맛을 지녔다. 특히 간장과 고추가 든 양념장을 넣어 먹으면 더욱 맛있다. 밑반찬으로 나오는 김치와 깍두기도 일품. 후루룩 면발을 들어 올려 입에 넣으면, 주인 아주머니의 정갈한 솜씨와 넉넉한 인심이 빨려 들어가는 듯하다.

[봉동]

2. 아줌마국수

손님들이 가장 많이 찾는 메뉴는 김치수제비. 매해 주인이 잘 담근 김치가 푹 익어 쫄깃한 수제비와 어우러진다. 먹을수록 빠져드는 맛. 김치수제비 외에도 김치칼국수, 다슬기수제비, 다슬기칼국수가 있어 삼삼오오 모여 나눠 먹기에 딱 맞다. 소, 중, 대자로 제공되는 기본 국수는 삼삼하다.

Ⓐ 전북 완주군 봉동읍 봉동동서로 125 ☎ 063-261-3564
Ⓗ 매일 10:30~21:00 연중무휴 Ⓟ 들깨칼국수 6,000원 Ⓜ Map → 2-R6

Ⓐ 전북 완주군 봉동읍 봉동동서로 134 ☎ 063-261-2534
Ⓗ 10:30~15:00 두 번째 주, 네 번째 주 일요일 휴무 Ⓟ 국수 소 3,500원 김치수제비 5,000원 Ⓜ Map → 2-R7

FOOD MENU.

팥칼국수의 면은 우리밀 밀가루로 된 것. 쫀득쫀득하니 소화가 잘 된다. 국물 자체가 달지 않고 고소해서 설탕이나 소금이 따로 필요 없다. 함께 나오는 보리밥도 일품이다. 들기름과 상추, 그리고 생채를 잘 비벼 넣어 먹으면 한 그릇 뚝딱. 여기 보리밥 추가요!

[봉동]

3. 할머니국수

메뉴는 소, 중, 대로 단출하다. 면이 얇은 편이고, 소자도 양이 많다. 같이 나온 석박지가 맛있다. 오후 4시, 친구로 보이는 손님들 3명이 바 자리에 조르르 앉아 국수를 후루룩 먹고 간다. 혼자와도 좋다. 10분 만에 허기와 함께 마음을 채울 수 있는 곳이다.

[봉동]

4. 빨간콩

이 집의 아쉬운 점은 단 하나! 영업시간이 매우 짧다. 오래 근무하시기 어려운, 완주시니어클럽 소속 시니어 분들이 운영하는 새알팥죽 및 팥칼국수 전문점이다. 이분들의 부지런함은 혀를 내두르게 한다. 매일 아침 분주히 완주군 지역에서 나오는 팥을 가져와 팥죽을 만들고, 일일이 새알을 빚는다. 직접 담근 김치와 생채는 말할 것도 없다.

[봉동]

5. 진소바

20년 넘은 소바 전문점. 메밀로 면을 직접 만들고, 육수 또한 손수 끓여 내는 집으로 인기가 좋다. 여름에는 냉소바를 먹기 위해 줄 서서 먹을 정도. 냉소바 또는 온소바를 계절 여부 상관없이 즐길 수 있다. 메밀콩국수도 추천한다. 탱글탱글한 메밀 면발이 인상적이다. 특히 간 무를 많이 풀어 넣으면 육수가 깔끔해져 맛있다.

ⓐ 전북 완주군 봉동읍 봉동동서로 135
ⓣ 063-261-2312 ⓗ 하절기(4~9월) 10:00~20:00 동절기(10~3월) 10:00~19:00 명절 연휴 휴무
ⓟ 국수 소 3,500원 중 4,000원 대 5,000원
ⓜ Map → 2-R9

ⓐ 전북 완주군 봉동읍 봉동동서로 160-1 (플루800 카페 2층) ⓣ 063-261-4289
ⓗ 월~토 11:00~14:00 (13:00까지 배달 가능)
ⓟ 새알팥죽 7,000원 팥칼국수 7,000원 보리밥 4,000원 ⓜ Map → 2-R8

ⓐ 전북 완주군 봉동읍 봉동로 365
ⓣ 063-262-2272 ⓗ 매일 11:00~20:00, 명절휴무 ⓟ 냉소바 8,000원 온소바 8,000원 메밀콩국수 8,000원 ⓜ Map → 2-R5

🔖 봉동

6. 봉동짬뽕

점심시간에 갈 경우 100% 줄 서서 먹어야 하는 완주 로컬 사람들의 맛집 중 하나. 대표 메뉴는 짬뽕. 매운 걸 잘 먹는 사람일 경우 고추짬뽕을 추천한다. 주문과 동시에 음식이 만들어진다. 그릇 넘치게 담겨 나오는 푸짐한 양과 빨간색 국물을 보자 절로 군침이 돈다. 한 숟가락 들어 국물부터 먹어보면 진하고 매콤한 불맛이 입을 경이롭게 만든다.

🔖 용진

7. 시골집국수

비주얼만 보면 평범하다. 국물을 먹는 순간 끝이 난다. 칼칼하니 깊은 맛이 난다. 끊임없이 들어지는 면에 놀라고, 맛있음에 한 번 더 놀란다. 면은 소면보다 두꺼워 씹는 맛도 있다. 김치와 고추가 반찬으로 나오는데 묘하게 조화롭다. 식당 크기는 협소하다. 붐비는 식사 시간에 갈 경우 줄 서서 먹을 확률이 높으니 일찍 가거나 늦게 방문하자.

🔖 용진

8. 아줌마국수집

가게를 들어서면, 후루룩 후루룩 국수 넘기는 소리만 들린다. 물국수도 많이들 찾지만, 사장님의 추천 픽은 비빔국수. 비빔국수가 나오면 "기름칠하세요"라고 한다. 비빔국수에 참기름을 뿌리면, 고소한 냄새가 솔솔 올라온다. 비빔 양념이 면과 버무려질 때 같이 나오는 뜨끈한 멸치 육수를 부어주자. 더 맛있다. 국수 주문 시 곱빼기가 가능하다.

Ⓐ 전북 완주군 봉동읍 하월길 43
Ⓣ 063-261-4744 Ⓗ 월~금, 일 11:00~15:00, 17:00~19:00 (15:00~17:00는 재료 준비 시간) 토요일 휴무 Ⓟ 짬뽕 8,000원 고추짬뽕 9,000원
Ⓜ Map → 2-R10

Ⓐ 전북 완주군 용진읍 완주로 179
Ⓣ 063-241-3296 Ⓗ 월~토 09:00~19:00 (18:30 분까지 오면 식사 가능) 1, 3째주 일요일 정기휴일 / 2, 4, 5째주 일 09:00~16:00
Ⓟ 물국수 3,000원 Ⓜ Map → 2-R12

Ⓐ 전북 완주군 용진읍 완주로 180
Ⓣ 063-243-2256 Ⓗ 화~일 11:00~19:00 월요일 휴무 / 육수 소진 시 마감 주말 16:00까지 방문할 것 Ⓟ 물국수 3,500원 비빔국수 4,000원
Ⓜ Map → 2-R13

Korean Whole Fried Chicken
옛날 통닭

완주에는 치킨 프랜차이즈 업체가 설 자리가 없다. 오랫동안 자리를 지켜온 옛날 맛의 통닭이 이미 치킨 세계를 점령하고 있으니까! 국내산 닭 100% 한 마리를 좋은 기름에 갓 튀겨 나오는 통닭이 맛이 없을 리가. 이때 준비물은 딱 두 가지. 통닭을 향한 경건한 마음과 깨끗한 손이다. 사이다나 맥주 같은 음료가 필요 없을 만큼 최상의 맛을 내는 통닭을 이곳 완주에서 만났다.

〔 소양 〕
1. 마수닭집

Ⓐ 전북 완주군 소양면 송광수만로 20 Ⓣ 063-244-7674 Ⓗ 9:00~21:00 첫째, 셋째 수요일 휴무 Ⓟ 후라이드 치킨 16,000원 Ⓜ Map → 3-R7

정직한 먹거리 하나만 생각하는 집. 후라이드와 양념 그리고 반반이 가능하다. 무뼈닭발과 똥집도 있다. 닭 종류를 고를 수 있는데 토종닭으로 선택할 수 있다. 자연을 배경으로 앉아서 먹고 갈 수 있는 공간이 있다. 노랗게 잘 튀겨진 치킨이 고구마튀김과 나온다. 튀김 옷이 남다르다. 소금이나 양념 소스에 찍어 먹지 않아도 부드럽고 맛있다. 직접 만든 수제 양념 소스는 고추를 넣어, 맵고 독특하다.

〔 상관 〕
2. 진미치킨

Ⓐ 전북 완주군 상관면 신리로 46 Ⓣ 063-285-4254 Ⓗ 월~금 15:00~19:30 (20:00 변동 가능) / 주말 10:30~19:30 Ⓟ 후라이드 치킨 15,000원 Ⓜ Map → 4-R5

1989년부터 문을 연 집. 포장만 가능하다. 오직 후라이드, 양념 그리고 반반 치킨을 팔고있다. 치킨을 포장해 가다 참지 못해, 길거리에서 맛만 보려다 한 마리를 다 먹게 될지도. 부드러운 살이 얇은 튀김 옷과 잘 어우러진다. 특히 치킨의 살과 튀김 옷을 같이 먹었을 때 그 맛의 배합이 절묘하게 맞아떨어진다. 은근 맥주를 부르는 맛이기도 하다. 튀김 온도와 튀김 옷에 이집만의 비법이 있다.

〔 삼례 〕
3. 서부통닭

발랄한 닭 캐릭터와 진한 붉은 색으로 적힌 간판. 꾸밈없는 외관처럼 닭의 매력을 온전하고 담백하게 담은 통닭을 튀겨 내는 집. 매장 안이 넓고, 생맥주가 있어 먹고 가기 좋다. 쫄깃한 껍질과 실한 살이 서부통닭의 독창성! 시중 판매되는 그 어떤 치킨보다 기름기가 훨씬 적고 알차다. 양념이나 튀김 옷에 승부를 보는 게 아니라 오로지 닭에 충실했다. 맛있는 닭을 그대로 튀겼으니, 하나의 요리를 맛보는 것 같다.

Ⓐ 전북 완주군 삼례읍 삼봉로 7 Ⓣ 063-291-2457 Ⓗ 월~토 10:00~23:00 Ⓟ 후라이드 치킨 18,000원 Ⓜ Map → 2-R2

CAFE IN WANJU : 완주가 담긴 카페

Cafe in Wanju
완주가 담긴 카페

완주 특산물을 활용해 음료와 디저트를 파는 곳들이 곳곳에 있다. 오직 완주에서만 맛볼 수 있는 카페를 방문해 완주의 맛을 느껴보자.

삼례

1. 금자네 시댁

하얀 건물과 푸르른 정원이 사람들을 반갑게 맞아주는 카페. 조용한 마을에 자리한 금자네 시댁은 완주의 농산물을 이용해 음료를 만들어 선보인다. 모든 음료가 주인장의 정성이 들어갔지만 특히 직접 농사 지어 만든 블루베리 주스를 꼭 마셔보자. 와플파이, 오메기떡 등 간단한 주전부리도 함께 판매한다. 내부에는 주인장이 직접 만든 자수제품도 있어 보는 재미도 쏠쏠하다.

- Ⓐ 전북 완주군 삼례읍 해전2길 28-1   Ⓣ 010-5095-2728
- Ⓗ 10:00~19:00, 월요일 휴무   Ⓟ 블루베리주스 6,000원
- Ⓘ @geumjane1982   Ⓜ Map → 2-C9

봉동

2. 카페진저

생강 커피를 중심으로 생강 베이스 음료가 이곳의 주력 메뉴. 생강 커피에는 생강청이 깔려 있어 커피 원액의 쓴맛을 덜어준다. 생강쿠키, 생강 마들렌, 생강 마카롱 등 생강을 활용해 만든 디저트들도 판매한다. 몸을 따끈하게 데우는 생강차의 경우 생강이 가득 들어있어, 숟가락으로 떠먹어야 한다. 음료와 함께 나오는 미니 약과가 소소한 간식이 되어준다.

- Ⓐ 전북 완주군 봉동읍 삼봉로 807   Ⓣ 063-261-0709
- Ⓗ 10:00~21:00 (연중무휴)   Ⓜ Map → 2-C5

> 용진

3. 본앤하이리

마을 이름 하이리를 따 지은 카페. 완주에서 자란 신선한 로컬 재료를 활용해 음료와 디저트를 선보이는 곳이다. 이곳의 시그니처 메뉴는 직접 기른 단호박과 로컬푸드 엿기름으로 만든 단호박 식혜. 많이 달지 않아 남녀노소 맛있게 마실 수 있다. 카페뿐만 아니라 팜 하우스, 연구소, 마켓, 교육장 등 다양한 농업 관련한 공간으로 나뉘어 있으며, 1층에서는 지역에서 생산한 제품들도 함께 판매하고 있다.

- Ⓐ 전북 완주군 용진읍 하이1길 60
- Ⓣ 063-246-0243 Ⓗ 월-목 10:00~20:00, 금-일 10:00~21:00 Ⓘ @born_and_hile
- Ⓟ 단호박식혜 4,500원 Ⓜ Map → 2-C12

> 용진

4. 옐로우팜

고구마 창고였던 곳을 카페로 개조해 만들었다. 제철 생과일로만 주스를 만들어 신선하고, 유기농 사탕수수 시럽을 넣어 건강한 단맛을 냈다. 온라인으로 1년 넘게 과일을 판매하고 있어, 소문난 과일 맛집이기도 하다. 카페 안에는 제주 감귤, 김천 샤인머스켓, 장수 사과 그리고 나주 배 등 사장님이 직접 먹어보고 선별한 과일들이 진열되어 있다. 겨울에는 청년 농부이기도 한 그가 직접 수확한 군고구마를 맛볼 수 있다.

- Ⓐ 전북 완주군 용진읍 상운길 46-10 Ⓣ 010-4801-0184
- Ⓗ 11:00~20:30 Ⓘ @yellow.farm Ⓜ Map → 2-C8

> 봉동

5. 십칠다시이십

카페 입구로 들어서면 드넓은 정원이 반기는 정원 카페. 정원에서는 아이들과 반려견이 함께 노는 모습을 종종 볼 수 있으며, 포토존이 곳곳에 설치되어 있어 사진을 찍기에도 좋다. 이곳의 시그니처 메뉴는 봉동에서 재배한 레몬생강티. 디저트도 모두 유기농 밀가루로 만들어 음료와 함께 먹기 좋다. 카페 내부는 반려견 출입이 제한되며, 정원에서는 목줄 착용 후 반려견과 함께 커피를 마실 수 있다.

- Ⓐ 전북 완주군 봉동읍 추동안길 17-20 Ⓣ 010-6273-6990
- Ⓗ 11:00~19:00 Ⓘ @cafe17_20 Ⓜ Map → 2-C2

Enjoy Coffee in Wanju
커피 한 잔으로 즐기는 여유

넓은 들판을 배경으로 잠시 쉼을 가질 수 있는 카페들. 휴대폰은 잠시 꺼두고, 마음의 여유를 주는 자연을 배경으로 달콤하고 쌉싸름한 커피를 마신다. 소중한 사람들과 동행한다면 그들의 이야기에 좀 더 귀를 기울이게 된다. 자연이 주는 힘과 매력 그 사이 어딘가에서 향긋한 커피 내음을 맡는다.

소양

1. 소양한옥티롤

인공연못과 한옥이 색다른 분위기를 자아내는 카페. 인공 연못 위 나룻배에서 찍은 사진이 SNS에 떠오르면서 SNS 핫플레이스로 등극했다. 이곳은 뷰 맛집으로도 유명하지만, 음료 맛도 좋아 사람들의 발걸음이 끊이지 않는다. 다양한 디저트뿐만 아니라 생강에이드, 쌍화탕, 대추차 등 한옥과 어울리는 음료도 함께 판매한다. 외부뿐만 아니라 내부도 넓으며, 실내에서도 예쁜 사진을 남길 수 있다.

ⓐ 전북 완주군 소양면 전진로 1007
ⓣ 063-242-1720   ⓗ 11:00~20:00 연중무휴
ⓟ 생강에이드 8,000원
ⓘ @hanok_tirol   ⓜ Map → 3-C10

> 소양

2. 몰디브

외국 휴양지에 온 것 같은 기분이 드는 카페 몰디브. 통창으로 펼쳐지는 완주의 풍경이 아름다운 곳이다. 몰디브는 A동, B동, 몰디브 야외정원으로 나뉘어져 있으며, 송광사와 멀지 않은 곳에 위치해 있어 송광사를 둘러본 후 이곳을 들러도 좋다. 음료 메뉴는 모히또, 연유크림라떼, 에이드, 차 등 여러 종류가 있으며, 반미 샌드위치도 함께 판매한다.

> ⓐ 전북 완주군 소양면 신지송광로 879-3
> ⓣ 010-6667-3454 ⓗ 11:00~18:30
> ⓟ 모히또 8,000원 ⓘ @u.y.lim
> ⓜ Map → 3-C9

> 봉동

3. 그라운드 소요

3층 가정집을 개조해 만들어 공간이 주는 너그러움이 느껴진다. 자유롭게 이리저리 거닐다라는 뜻을 가진 소요. 최근 새롭게 리모델링한 그라운드 소요는 그 이름에 맞게 동화 속 정원에 온 것 같은 느낌을 준다. 낮은 봉우리가 인상적인 봉실산과 어우러져 멋스럽다. 아인슈페너의 몽글몽글 달콤한 크림을 입에 잔뜩 묻히고 먹고 있으면, 닭이 우는 소리, 멀리서 개가 짖는 소리가 카페의 배경음악과 오케스트라를 결성, 잠시 눈을 감고 유유자적한 삶을 꿈꿔본다.

> ⓐ 전북 완주군 봉동읍 추동로 145-14 ⓣ 010-3280-3283 ⓗ 11:00~19:00, 월요일 휴무 ⓘ @ground_soyo_ ⓜ Map → 2-C1

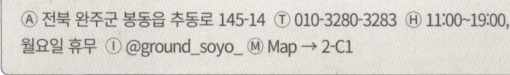

[이서]

4. 카페 캔버스

모노톤의 색으로 꾸며진 카페. 2021 전라북도 건축문화상 대상을 수상할 만큼 건축적으로 아름답다. 자칫 차가워 보일 수 있는 이곳은 봄, 여름이면 푸르른 풀들이, 가을, 겨울이면 또 새로운 풍경이 펼쳐져 오는 손님들에게 아름다운 모습을 선사한다. 내부는 4층까지 있으며 1, 2층은 아이들과 함께 커피를 마실 수 있으며, 3, 4층은 노키즈존이다. 카페 메뉴는 호지차라떼, 알로하에이드, 건강차, 아이스크림 등 다양하다.

Ⓐ 전북 완주군 이서면 지사제로 191 Ⓣ 010-8862-6696
Ⓗ 10:30~21:00 Ⓟ 알로하에이드 7,500원 Ⓘ @cafe.canvas
Ⓜ Map → 4-C1

[소양]

5. 슨슨카페

산속등대 사립미술관 안에 위치한 커피 전문점. 1980년대 감성을 지니고 있다. 슨슨카페에서 슨슨은 산속등대의 초성을 딴 'ㅅㅅㄷㄷ' 모양을 합성시켰더니 슨슨과 유사하다고 해 붙여진 이름이다. 넓은 창이 있어, 비가 와도 운치 있는 분위기가 형성된다. 커피도 맛있지만, 달콤한 롤케이크와 같은 디저트류도 좋다.

PLUS.
무려 150명 수용 가능한 슨슨카페. 야외로는 놀이터 같은 잔디 공간이 마련되어 있다. 전시 관람 등 다양한 문화생활도 향유할 수 있다.

Ⓐ 전북 완주군 소양면 원암로 82 Ⓣ 063-245-2459
Ⓗ 매일 10:00~19:00 Ⓘ @_seunseun Ⓜ Map → 3-C6

[상관]

6. 정원마더커피

이름 그대로 탁 트인 정원이 카페 주변으로 형성되어 있다. 자연이 주는 힐링 에너지로 인해 커피 원두의 풍미가 더 깊게 느껴진다. 겨울에 방문한 카페 옆 비닐하우스에서는 분재 갤러리가 열렸다. 식물을 사랑하고, 정성을 다해 기르는 주인장의 마음을 엿볼 수 있다.

Ⓐ 전북 완주군 상관면 춘향로 4505-17 Ⓣ 063-282-7835
Ⓗ 매일 11:00~17:00, 라스트 오더 : 16:50 Ⓘ @u.y.lim Ⓜ Map → 4-C5

> 소양

7. 원데이오프

365일 보름달이 떠 있는 곳이 있다. 바로 이곳 원데이오프에서. 밤에 유독 빛나는 커다란 보름달이 있다. 2층 건물인 카페의 위층에는 테라스처럼 되어있고, 푹신한 소파를 놓았다. 소파에 눕다시피 한 뒤 다리를 쭉 뻗고, 온몸으로 주변의 자연환경을 만끽한다. 얼린 에스프레소에 천천히 우유를 넣어 녹여 마시는 데이라떼가 이곳 사장님의 추천 메뉴.

Ⓐ 전북 완주군 소양면 상관소양로 984-7 Ⓣ 010-5624-0323 Ⓗ 화~금 11:00~20:00 마지막 주문 19:00 / 주말 및 공휴일 11:00~21:00 마지막 주문 20:00 / 월요일 휴무 Ⓘ @cafe_onedayoff Ⓜ Map → 3-C8

> 상관

8. 카페 애드리브

포토 스폿은 물론이거니와, 앉을 자리가 많다. 실내보다 다리 쭉 벋고 앉아 자연을 그대로 받아들일 수 있는 실외를 추천. 1층만 머물기보다 다락층과 2층에도 올라가 볼 것. 신경 써 만든 듯한 각기 다른 공간이 주는 매력에 빠져든다. 맛있는 커피 외에도 밀크티와 직접 만든 청을 넣은 에이드가 시그니처.

Ⓐ 전북 완주군 상관면 죽림편백길 54 Ⓣ 063-224-3100 Ⓗ 평일 11:00~18:00 주말 11:00~19:00 Ⓘ @cafe_adlib Ⓜ Map → 4-C4

CAFE MENU.
커피와 함께 마늘빵을 내어주는데, 오븐에 갓 구워 바삭하니 식어도 맛있다. 마늘과 꿀이 입안에서 사르르 녹는다.

> 구이

9. 카페 리보키

평범한 카페는 가라. 사랑하는 사람들과 더 가까이 시간을 보낼 수 있는 카라반, 다락방을 보유하고 있다. 사람이 많은 주말일 경우 예약은 필수나, 운이 좋으면 예약 없이 이용할 수 있다. 그뿐만이 아니다. 3층짜리 별관도 있는데, 자리마다 독립성이 확보된다. 어디에 앉을지 고민하게 하는 매력에 한 손님이 웃으며 주인장에게 질문한다. "여기 자리도 괜찮죠?"

Ⓐ 전북 완주군 구이면 신뱅이길 60-7 Ⓣ 063-228-8826 Ⓗ 월-토 11:30~22:00 일 13:00~22:00 연중무휴 Ⓘ @leejini1005 Ⓜ Map → 4-C1

 소양

10. 카페 해월

산속에 위치한 체험형 카페. 몸과 마음을 농업 활동으로 치유하는 이곳은 아이들과 함께하기 좋은 곳이다. 카페 내부로 들어서면 곳곳에 식물이 놓여있어 힐링을 선사한다. 라벤더 해월, 백향과 차 등 음료뿐만 아니라 티라미슈화분케익 등 디저트도 함께 판매한다. 아이들과 함께 방문했다면 카페 해월에서 운영하는 드림뜰 힐링팜의 동물체험, 숲놀이터, 계곡 등을 이용해 보자. 카페 이용 시 무료이다.

Ⓐ 전북 완주군 소양면 원암로 348-13
Ⓣ 010-6333-1695 Ⓗ 화-토 10:00~18:00, 일 11:00~19:00, 월요일 휴무
Ⓟ 라벤더 해월 7,000원 Ⓘ @dreamtt_farm
Ⓜ Map → 3-C5

봉동

11. 제시엘리스커피 로스터리

남녀노소 즐겨 찾는 카페. 단골이 많다. 다양한 종류의 원두를 직접 볶아 판매한다. 집에서 내려 마시거나 선물하기 위한 용도로 많이들 찾는다. 음료 주문할 때는 원두 2가지 중 하나를 선택해야 한다. 향긋한 마일드 브라운과 중후한 미디엄 모카 중 무엇을 선택하든 커피 맛이 좋다. 디카페인 커피도 있다.

Ⓐ 전북 완주군 봉동읍 낙평장기로 41 Ⓣ 070-4147-5678
Ⓗ 평일 10:00~21:00 주말 10:00~18:00 매월 첫째주 토요일 휴무
Ⓘ @jessialice.coffee Ⓜ Map → 2-C6

 구이

12. 카페 오후

햇살이 내리쬐는 오후, 비가 추적추적 내리는 오후, 편안한 시간을 보내고 갔으면 하는 주인장의 마음이 잘 담긴 카페. 벽돌 인테리어로 외관부터 내부까지 아늑한 느낌을 준다. 좌석은 2층까지 있으며, 넓게 배치되어 있어 편하게 커피 한 잔 마시고 갈 수 있다. 음료는 커피, 생과일 주스, 에이드, 전통차 등 다양하게 준비되어 있다.

ⓐ 전북 완주군 구이면 구이로 1540　ⓣ 010-4598-0346
ⓗ 11:00~21:00　ⓟ 아메리카노 4,000원　ⓘ @cafe_onedayoff
ⓜ Map → 4-C2

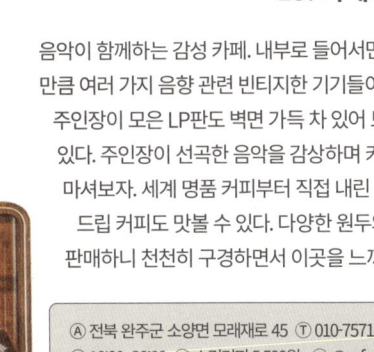

소양

13. 카페소리나무

음악이 함께하는 감성 카페. 내부로 들어서면 LP카페인 만큼 여러 가지 음향 관련 빈티지한 기기들이 가득하다. 주인장이 모은 LP판도 벽면 가득 차 있어 보는 재미도 있다. 주인장이 선곡한 음악을 감상하며 커피 한 잔을 마셔보자. 세계 명품 커피부터 직접 내린 소리나무의 드립 커피도 맛볼 수 있다. 다양한 원두와 드립백도 판매하니 천천히 구경하면서 이곳을 느끼길 바란다.

ⓐ 전북 완주군 소양면 모래재로 45　ⓣ 010-7571-3293
ⓗ 10:00~20:00　ⓟ 소리커피 5,500원　ⓘ @cafe_sorinamu
ⓜ Map → 3-C7

용진

14. 어울림카페

완주군청 도서관 뒤에 자리한 카페. 인테리어도 깔끔하며, 가격도 합리적이라 로컬들에게 사랑받는 곳이다. 평일에는 빨리 오픈을 해 간단한 아침을 하는 사람도 많으며, 메뉴는 샌드위치, 크로크무슈, 와플, 크루아상 등 다양하다. 시즌 별로도 메뉴가 조금씩 바뀌니 음료가 고민이라면 시즌 메뉴를 먹어도 좋을 것 같다.

ⓐ 전북 완주군 용진읍 지암로 61　ⓣ 063-246-1800
ⓗ 평일 08:00~19:00, 주말 10:00~18:00　ⓟ 아메리카노 2,500원
ⓘ @oullim_cafe　ⓜ Map → 2-C7

With My Dog
반려견 동반 카페

완주는 반려견과 반려인 모두가 즐겁게 놀 수 있는 카페가 곳곳에 생겨나고 있다. 반려견과 함께 여행을 떠나고 싶다면 완주 반려견 동반 카페로 떠나보자.

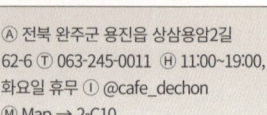

용진
1. 자티

호수 뷰를 가진 자티는 10kg 이하의 소형견 동반이 가능한 카페이다. 마당이 넓어 로컬들에게 사랑받는 이곳은 에이드, 커피 등 다양한 음료를 판매하며, 강아지 입장료가 없는 대신 1인 1 음료를 주문해야 한다. 반려견 전문 카페가 아닌 동반 카페이다 보니 카페 실내 출입은 어렵지만, 주문 때 안고 입장은 가능하다. 펫티켓은 필수.

ⓐ 전북 완주군 용진읍 상삼용암2길 62-6 ⓣ 063-245-0011 ⓗ 11:00~19:00, 화요일 휴무 ⓘ @cafe_dechon
ⓜ Map → 2-C10

봉동
2. 리츠펫 기승전견

반려견과 반려인들에게 떠오르고 있는 핫플레이스. 다른 카페들과 마찬가지로 아메리카노, 초코라떼, 딸기스무디, 에이드 등 음료 메뉴를 판매하며, 김밥, 사발면, 볶음밥 등 간단한 식사 메뉴도 있으니 반려견과 뛰어놀다 배가 고프면 요깃거리를 해도 좋다. 카페뿐만 아니라 반려견 유치원, 호텔링도 운영하니 참고하도록 하자.

ⓐ 전북 완주군 봉동읍 통샘길 97-4 ⓣ 063-262-0448 ⓗ 10:00~20:00, 수요일 휴무 ⓘ @only_enddog ⓜ Map → 2-C3

> 소양

3. 카페달루나

넓은 운동장이 자리해 반려견과 신나게 뛰어놀 수 있는 반려견 카페. 대형견부터 소형견까지 함께 할 수 있어 많은 반려인들에게 사랑받는 공간이다. 반려견을 사랑하는 마음으로 이곳을 만든 주인장의 손길이 곳곳에 묻어나는 이곳은 유기견 입양을 도와주는 일까지 함께 한다. 반려견 간식도 판매하며 판매 금액은 유기견 후원금으로 쓰인다.

Ⓐ 전북 완주군 소양면 구억명덕로 565 Ⓣ 010-3003-7958
Ⓗ 평일 12:30~19:00, 주말 10:00~19:00 Ⓜ Map → 2-C11

> 상관

4. 커멍 그라운드

반려견과 함께 뛰어놀 수 있는 마당이 있는 반려견 카페. 커피, 라테, 차, 에이드 등 다양한 음료 메뉴부터 디저트까지 있으니 반려견과 뛰어놀고 이곳에서 간단하게 배를 채우기도 좋다. 반려동물도 함께 먹을 수 있는 고구마 말랭이 등 수제 간식도 함께 판매한다. 13kg 미만 반려견 입장 가능, 예방 접종된 반려견 입장 가능 등 이용 수칙이 있으니 숙지 후 방문하길 바란다.

Ⓐ 전북 완주군 상관면 죽림편백길 175-16 Ⓣ 010-9875-5292
Ⓗ 10:00~00:00 Ⓜ Map → 4-C3

> 삼례

5. 카페드숑

인조 잔디와 천연잔디가 넓게 깔려있어 반려견들이 뛰어놀기 좋은 카페이다. 카페 내부는 반려견 출입이 제한되는 대신 운동장에는 반려견이 놀 수 있는 공간이 마련되어 있으니 걱정하지 말자. 반려견 공간에 아기자기한 포토존도 많이 있어 견생샷도 남길 수 있다. 카페드숑에도 다른 반려견 카페와 마찬가지로 이용수칙이 있으니 꼭 숙지하고 이용하도록 하자.

Ⓐ 전북 완주군 삼례읍 녹색로 40 Ⓣ 010-2230-3711
Ⓗ 10:00~22:00, 매월 셋째 주 월요일 휴무 Ⓘ @cafe_dechon Ⓜ Map → 2-C4

BREAD & DESSERT : 빵과 디저트

Bread & Dessert
빵과 디저트

쫄깃하고 담백한 빵부터 크림이 듬뿍 들어간 빵 등 여러 가지 종류의 빵들을 완주에서 만났다. 완주 사람들이 단골처럼 드나드는 빵집도 좋고, 일부러 방문하게 만드는 빵집도 좋다. 빵을 좋아하는 사람들이라면 주목하자.

(봉동)

1. 디어디저트

디어디저트 공간 안에 들어서면 주인장이 직접 만든 디저트들이 코를 자극한다. 스콘, 휘낭시에, 마카롱, 바스크치즈케이크, 쇼콜라 등 진열대를 꽉 채운 디저트가 시선을 사로잡는다. 맛도 훌륭하며, 달달한 디저트와 함께 마실 수 있는 음료도 판매하니 이곳에서 눈과 입을 달콤하게 만들어보자. 홀케이크도 예약 주문 가능하며, 예약할 시 3일 전 연락을 해야 한다.

Ⓐ 전북 완주군 봉동읍 원둔산2길 31　Ⓣ 010-3930-0766
Ⓗ 화-토 11:00~21:30, 일 12:00~21:30, 월요일, 매월 둘째, 넷째 주 일요일 휴무　Ⓟ 카라멜누와과 스콘 3,500원
Ⓘ @dear_dessert_cafe　Ⓜ Map → 2-D5

(용진)

2. 삼일월

12시 반, 빵이 많이 나오는 시간. 사람들이 줄을 서 빵을 사간다. 아쉽게도, 앉아서 먹을 자리가 없다. 길에서 갓 구워 나온 빵을 맛보자. 완주 사람들이 즐겨 찾는 빵집이 어떻게 되었는지 그 인기의 비결을 몸소 느낄 수 있다. 완주 단골 주민에게 물어보니, 다 먹어도 맛있다고 자부한다. 담백한 블랙올리브, 쫄깃함을 유지한 채 치즈가 듬뿍 든 하얀치즈빵 그리고 적당량의 초콜릿 크림이 든 초코빵 등 기본에 충실한 빵들을 만날 수 있다.

Ⓐ 전북 완주군 용진읍 완주로 179　Ⓣ 063-241-3110
Ⓗ 빵 나오는 시간 09:00~14:30 (매진 시 마감)　Ⓜ Map → 2-D4

구이

3. 베이콜로지 빵학개론

이름에서 느껴지듯 빵을 학문으로 여기며, 빵에 대해 항상 탐구하고, 만들어 가는 베이콜로지 빵학개론. 이곳의 시그니처 메뉴는 프랑스 보르도의 느낌을 가득 담은 까눌레 보르도. 이외에도 김과 짭조름한 명란젓이 매력적인 김명란씨, 소금빵, 쑥을 듬뿍 넣어 만든 쑥떡쑥떡, 먹물과 연유가 들어가 중독성 있는 먹물 연유크림까지. 모든 빵이 인기 있다.

Ⓐ 전북 완주군 구이면 모악산길 84-1 Ⓣ 063-236-7086
Ⓗ 08:30~21:30 Ⓟ 까눌레 보르도 1,800원 Ⓜ Map → 4-D1

이서

4. 르뤼땡블랑제리 혁신점

르뤼땡블랑제리는 프랑스어로 '요정 빵집'이라는 뜻. 기본에 충실한 크로와상, 바게트부터 소금버터빵 등 프랑스 빵들이 샹들리에 아래 화려하게 진열되어 있다. 크로와상 경우 결이 살아있고, 조화롭게 버터의 풍미가 어우러진다. 바게트 경우 담백하고 쫀쫀해서 손이 자주 간다. 크로와상의 종류는 다양하다.

Ⓐ 전북 완주군 이서면 기지로 54 BCM TOWER 106~108호
Ⓣ 063-224-2402 Ⓗ 10:00~20:00 Ⓘ @le_lutin_hyuksin
Ⓜ Map → 5-D3

BREAD & DESSERT : 빵과 디저트

> 이서

5. 멜로우어텀

낮도 좋지만, 어둑어둑한 저녁에 찾아도 좋은 곳. 시내에서 떨어진 곳에 자리해, 어느 유럽 소도시 내 숨은 카페를 찾았을 때의 느낌이 든다. 카페 앞 푸른 잔디를 보면, 마치 정원 속 나만의 공간에 온 것 같은 기분이다. 자리가 넓고, 폭신한 감각적인 소파도 있어서 편히 쉴 수 있다. 감각적인 음악이 천천히 흘러나와 책 읽기도 좋다.

- Ⓐ 전북 완주군 이서면 안전로 107-19 1층　Ⓣ 070-8804-5621
- Ⓗ 매일 10:30~22:00 명절 전날, 당일 휴무
- Ⓟ 브라우니+아이스크림 4,500원　Ⓜ Map → 5-D1

> 이서

6. 매드에스프레소로스터리

원래 논과 밭이었던 이서면에 자리한 카페. 이서를 알릴 겸 '이서'라는 이름을 딴 이서빵을 판매한다. 이서면의 특산품인 배의 발효종을 활용해 만든 빵이라 특별하다. 이서빵 경우 몽글몽글 구름을 떠올리게 하는 크림이 가득 들어있고, 적당히 달다. 부드러운 브리오슈, 치즈 테두리에 둘러싸인 갈릭치즈빵, 극강의 단짠을 만들어내는 갈릭크림볼 등 손님들이 찾는 빵의 수가 많다. 매드에스프레소로스터리 뜻은 커피에 미쳐보자라는 뜻을 담고 있다. 빵만큼 커피의 맛도 좋다.

- Ⓐ 전북 완주군 이서면 반교로 105-9　Ⓣ 063-229-8757
- Ⓗ 월~토 10:00~22:00, 일 10:00 - 19:00
- Ⓟ 이서빵 2,500원 브리오슈 5,500원 갈릭치즈빵 4,000원 갈릭크림볼 4,000원　Ⓜ Map → 5-D2

 소양

7. 카페 옥진

소양에 자리한 카페 옥진은 쿠키, 스콘, 크루아상 등을 판매하는 베이커리 카페이다. 심플한 인테리어와 여러 가지 베이커리, 쿠키류가 플레이팅 된 이곳의 메뉴는 주인장이 모두 직접 만든다. 쿠키와 스콘의 경우는 평일에 나오며, 주말에는 카페 옥진만의 베이커리도 맛볼 수 있다. 창밖으로 펼쳐진 완주의 풍경을 보며 달콤한 시간을 보내보자.

Ⓐ 전북 완주군 소양면 소양로 264-17
Ⓣ 010-6523-2557 Ⓗ 12:00~19:00, 월요일 휴무 Ⓟ 플레인 스콘 3,500원
Ⓘ @cafeokjin Ⓜ Map → 3-D2

 구이

8. 오늘제빵소

완주 구이면에 자리한 베이커리 카페. 넓은 내부와 베이커리 선택지가 다양해 로컬들이 많이 찾는 곳이다. 단팥빵, 마늘빵, 크루아상, 바게트 등 기본적인 것부터 크레이프, 찰 고구마빵, 아몬드튀일 등 색다른 빵 종류까지 다양한 빵들이 매대 가득 채워진다. 커피, 라테, 티, 에이드 등 음료 종류도 다양하니 음료와 베이커리를 함께 즐겨보자.

Ⓐ 전북 완주군 구이면 두방길 28
Ⓣ 063-224-3737 Ⓗ 10:00~21:30
Ⓟ 찰 고구마빵 2,500원 Ⓜ Map → 4-D2

화산

9. 화산애빵굿

주인장과 빵집을 방문하는 사람들의 신뢰를 바탕으로 운영되는 무인 빵집. 식빵, 마들렌, 카스텔라, 머핀, 단팥빵 등 주인장이 직접 구운 빵들이 사람들을 맞이한다. 이곳의 대표 메뉴는 탕종식빵. 밀가루와 물을 풀처럼 끓여 12시간 숙성시킨 반죽으로 빵을 만들어 부드럽고 고소하다. 내부에는 구매한 빵과 음료를 먹고 갈 수 있는 테이블도 마련되어 있다.

Ⓐ 전북 완주군 화산면 화산로 702
Ⓣ 063-908-3456 Ⓗ 10:30~22:00
Ⓟ 탕종식빵 2,500원
Ⓘ @hwasanbread Ⓜ Map → 1-D1

STEAMED BUNS : 길거리 간식, 찐빵

Steamed Buns
길거리 간식, 찐빵

매일 반죽을 하고, 찐빵을 만드는 사람들. 부지런함과 정성이 든 찐빵 하나를 들어 사랑하는 사람과 반씩 나눠 먹는다. 순간 행복이 별거인가 싶다. 소소한 기쁨이 입에서 부드럽게 녹는다.

[봉동]

1. 뛰래쌀찐빵쌀만두

'뛰래'는 원주민들이 간절히 기도해 소원을 비는 곳, 멕시코 뛰레 나무에서 유래한 어원이다. 뛰레 나무 앞에서 정성스럽게 기도를 하는 그들처럼 뛰래에서는 이른 새벽부터 정성을 다해 쌀을 넣어 찐빵을 빚고 있다. 반죽 자체가 맛있기 때문에 팥 앙금이 없는 부분의 맛도 좋다.

- Ⓐ 전북 완주군 봉동읍 봉동동서로 131 Ⓣ 063-255-2352
- Ⓗ 월~토 07:00 – 오후 재료 소진시 마감 (일요일 휴무) Ⓜ Map → 2-D2

[봉동]

2. 옛날먹보왕만두

종이 포장지를 조심스럽게 열면, 손만 한 크기의 왕만두가 들어있다. 푹신한 왕만두 속을 꽉 채운 야채나 김치를 야금야금 해치워 먹다 보면 어느새 포장지만이 남아있다. 별 수 없이 한 입거리가 되고만 왕만두를 통해 먹보왕이었음을 절로 고백한다.

- Ⓐ 전북 완주군 봉동읍 봉동동서로 136-1 Ⓣ 063-262-2225
- Ⓗ 월~토 09:00 – 21:00 일요일 휴무 Ⓜ Map → 2-D3

[고산]

3. 불티나왕만두찐빵

고산 동네 한복판에 위치. 도보를 따라 걷다, 찜기에서 모락모락 올라오는 연기를 보고 가만히 지나칠 수 없어 들르게 되는 곳이다. 우유를 넣어 찐빵의 반죽이 빵처럼 부드럽다. 찐빵 안에 든 팥앙금은 연양갱만큼 달나.

- Ⓐ 전북 완주군 고산면 고산로 92-1 Ⓣ 063-262-3453
- Ⓗ 04:00 – 18:30 (월 휴무, 장날일 경우 다음날 휴무) Ⓜ Map → 2-D1

[소양]

4. 술찐빵손만두손빵땟거리 본점

전통 방식 그대로 찐빵을 만드는 집. 팥 앙금은 직접 삶아 만들어 달지 않고, 담백한 맛을 자랑한다. 순수 막걸리로 만들었다는 술빵 또는 술찐빵도 이 집만의 별미. 고속도로를 달리다 소소한 간식거리가 필요할 때 먹기에 딱이다.

- Ⓐ 전북 완주군 소양면 전진로 1060 Ⓣ 063-243-9416
- Ⓗ 매일 07:00 – 18:00 Ⓜ Map → 3-D1

Shopping : Wanju Makgeolli

완주에서 막걸리 기행을 떠나 보자. '로컬푸드'라고 적힌 매장에서 볼 확률이 높다. 특히 모악산 등산이 끝난 후 근처 직매장을 꼭 방문해볼 것. 완주에서 정성스럽게 만들어져 탄생한 탁주를 만날 수 있다. 양조장의 위치가 다르듯 맛도 디자인도 다르다.

도수 5.5%

산에들에 생막걸리

Non-GMO 제품. 황토 발효실에서 음악 발효로 빚어진다. 햅쌀로 빚어 신선하고, 두 번 걸러져 깨끗한 맛을 지녔다. 다만 우유처럼 부드러워 취하기 쉬우니 조심할 것.

(유)산에들에

도수 12%

고택 찹쌀생주

찹쌀이 무려 34.06%나 들어 있다. 대부분의 막걸리와 달리 누룩이 익은 후 물을 첨가하지 않은 특징을 가지고 있다. 효모가 살아있어 산미가 느껴지고 짭조름하다. 한국식 사케와 같은 가벼운 느낌이 들며 술술 잘 넘어간다.

고택주조

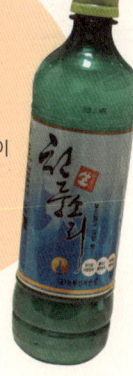

도수 6%

천둥소리

전북 마트 어디에나 구할 수 있다는 것이 특징. 지하 180m 암반수를 사용해 빚어내 깊이 숙성된맛을 낸다. 단맛, 신맛과 탄산의 조화가 돋보인다.

(유)눈부신자연愛

도수 7%

찹쌀로만

찹쌀이 18.1% 들어간 프리미엄 생탁주. 꾸지뽕 추출액과 설탕으로 가당을 만들어 단맛을 냈다. 누룩 향이 진하면서도 절묘하게 신맛이 나 마시기 좋다.

해야

도수 5%

꾸지뽕 생탁주

항암 억제 효과를 지닌 꾸지뽕 열매 진액이 4%나 들어 있다. 단맛이 나기보다 쌉싸름하고 깔끔한 맛이 난다.

해야

Wanju Speciality

Special

완주 특산물

완주 사람들은 무엇을 먹고 살까? 그들 장바구니를 슬쩍 보니, 완주에서 자란 싱싱한 야채, 과일들이 담겨있다. 왠지 모르게 정겨움이 느껴져, 봉동읍에서 최초 재배로 유명한 생강 제품을 기념품 삼아 장바구니에 담았다. 자연이 주는 선물이 일상이 된 완주 사람들의 삶에 잠시 녹아보자.

봉동
b. 완주로컬푸드 둔산점

모악산점만큼 크기가 크지 않아도, 다 갖췄다. 간판 위 농부들의 푸근한 인상이 담긴 사진들이 인상적이다. 그들의 넉살 좋은 미소에 푸짐한 인심이 느껴진다. 매장 안에는 예쁜 글씨체로 무, 양파, 양배추 등이 진열되어 있다.

Ⓐ 전북 완주군 봉동읍 둔산3로 94 완주군근로자종합복지관 Ⓣ 1600-0125
Ⓗ 매일 10:00~21:00 연중무휴 Ⓜ Map → 2-S4

구이
a. 완주로컬푸드 모악산점

완주 로컬푸드 직매장 1순위답게 매장 크기가 아주 넓다. 등산 왔다가 잠시 들른 주민들뿐만 아니라, 오직 이곳을 방문하기 위해 온 사람들로 매장 안은 북적북적하다. 식품의 중간 유통 단계를 없앤 덕분에 생산자와 소비자 모두가 행복한 이곳!

Ⓐ 전북 완주군 구이면 모악산길 95 Ⓣ 1600-0125 Ⓗ 매일 09:00~21:00 연중무휴
Ⓤ www.happystation.kr & blog.naver.com/wjlocalfood Ⓜ Map → 4-S1

Plus. 완주로컬푸드 구매 사이트
happystation.kr/main/index.php

용진
c. 용진농협로컬푸드

완주 로컬푸드 직매장의 시초. 가장 먼저 생긴 만큼 지역 농가들에게 의미가 깊다. 지리적으로 접근성이 좋아 근교 사람들 또한 많이 찾는다. 입구에 놓인 생화들로 인해 매장 안이 향기롭다. 로컬 식품들이 매대를 빼곡히 메우고 있다. 큼지막한 글씨로 구역 구분이 잘 되어 있어 식료품 찾기는 쉽다.

Ⓐ 전북 완주군 용진읍 완주로 187 Ⓣ 063-240-6925 Ⓗ 매일 08:30~20:30 공휴일 휴무 명절 당일과 명절 다음날 휴무 Ⓜ Map → 2-S7

Tip.

아차! 완주에서 들르는 것을 깜빡했다면, 전주에서도 만나볼 수 있다. 전주 효자점, 하가점, 삼천점 그리고 혁신점까지 무려 네 군데가 더 있다.

완주로컬푸드직매장 효자점
Ⓐ 전주시 완산구 우전1길 40-33

완주로컬푸드직매장 하가점
Ⓐ 전주시 덕진구 가련산로 26-7

완주로컬푸드직매장 삼천점
Ⓐ 전주시 완산구 삼천천변2길 33

완주로컬푸드직매장 혁신점
Ⓐ 전주시 완산구 오공로 38

에디터 pick 제품

인씨네농장 발라먹는 블루베리잼
설탕이 아닌 비정제원당으로 단맛을 냈다. 식빵에 발라 먹으면 금상첨화.

㈜푸드스테이션 콩알콩알
콩을 고소하고도 맛있게 볶았다. 남녀노소 누구나 즐길 수 있는 간식.

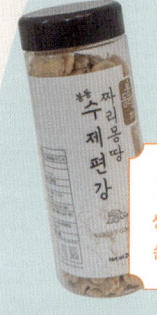

온정있는마을 봉동 편강
생강 최초 재배지인 완주에서 많이 보이는 제품. 쓴맛 뒤에 숨은 단맛이 있다. 선물용으로도 좋다.

풍당 젤라또
과일 그대로의 맛을 담았다. 별다른 첨가물이 들어 있지 않아 안심된다.

마더쿠키
우리쌀과 우리밀 사용. 엄마의 마음을 담아 만들었다.

담소담은
정겨운 담소를 담은 듯한 모양새. 남은 쌀이 아닌 맛있는 쌀로 떡을 만들어 판매한다.

완주 로컬 추천 제품

차와 분말
자연에 건조하되, 유기농 과정을 거쳐 믿고 먹을 수 있다.

곶감
쫀득하고 부드러운 식감을 자랑해 조선시대부터 임금님의 마음을 사로잡았다. 씨 없는 곶감 제품도 있다.

LIFESTYLE
& SHOPPING

완주에서 돌아가는 길, 완주의 자연 풍경과 지저귀는 새소리 그리고 그곳에서 찾은 안정. 이 모든 것을 갖고 싶은 마음이 굴뚝같을 때 우리는 로컬 삶 속으로 들어간다. 완주에서의 유유자적한 라이프스타일이 탐나고, 그저 바라만 보기에 아쉬운 순간이 찾아온다. 그럴 땐 쇼핑이라는 우리에게 유일하게 허락된 여유를 누려볼 것.

01
PHOTO STUDIO, CRAFT & SELECT SHOPS
완주 사진관, 공방 & 편집숍

02
GALLERY & MUSEUM
완주 갤러리 & 박물관

데일리로그 감성사진관

완주 출신 주인장이 제주도 여행 시 유명 카페에 영감을 받아, 빈 건물을 직접 리모델링해서 사진관을 세웠다. 사진관 앞에 펼쳐진 푸른 잔디가 여행자들에게 잠시 쉬었다 가라고 손짓한다. 인생 사진도 건질 수 있는 절호의 기회. 증명사진부터 아기 사진 및 웨딩 스냅까지 못 하는 게 없는 주인장은 영상학과 출신. 그가 남긴 사진에는 생동감이 넘쳐흐른다. 필름카메라 색감의 보정까지 더해 사진 한 장에 추억이 묻어난다.

Ⓐ 전북 완주군 봉동읍 낙평동서로 77-3 Ⓣ 010-4252-9950 Ⓗ 화~토 09:30~19:00
Ⓤ dailylogstudio.com @dailylog_studio Ⓜ Map → 2-★10

다인공방

감성 가득한 라탄 소품들을 만날 수 있는 곳. 손재주가 좋은 주인장이 하나하나 엮어 만든 라탄 소품들은 따뜻한 감성이 더해져 인테리어 소품으로 제격이다. 주문 제작도 가능하며, 클래스도 함께 진행한다. 원데이 클래스, 정규 클래스, 단체 수업이 있으며 나만의 라탄 바구니, 라탄 스탠드 등을 만들 수 있다. 예약제로 운영되니 수업을 듣고 싶다면 예약 후 방문하자.

Ⓐ 전북 완주군 봉동읍 봉동동서로 54-7 Ⓣ 050-6905-3477
Ⓗ 카톡, 전화 문의 @dain_rattan Ⓜ Map → 2-S5

Photo Studio, Craft & Select Shops

완주 사진관, 공방 & 편집숍

순간을 남기기 위해 사진을 찍거나, 추억이 담긴 물건들을 구매하는 방법은 여행의 기억뿐만 아니라 완주를 남다르게 간직하는 방법이다. 로컬들로부터 많은 사랑을 받고 있는 사진관, 공방 그리고 편집숍들을 방문하자. 손수 무언가를 만들어내고, 만들어주는 공간에서 조금 더 머물고 싶어질 것이다.

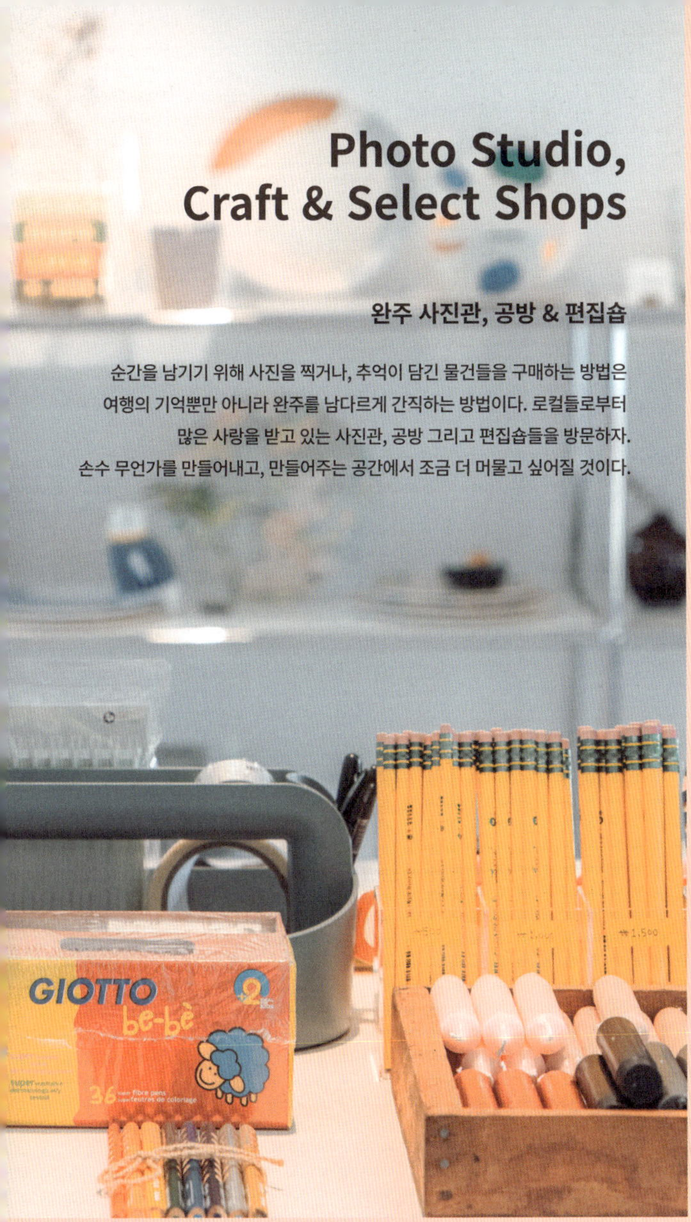

사부작 채집가

혼자서 온전히 그림을 그릴 수 있는 곳. 전북슈퍼문구, 봉동가스 간판을 달고 있는 사부작 채집가에서는 그림을 못 그려도 자유롭게 드로잉에 몰입할 수 있다. 100% 예약제로 운영되며, 수채물감, 색연필, 연필, 오일파스텔, 포스터칼라와 다양한 종류의 종이가 준비되어 있다. 그림 그리는 동안 웰컴 드링크도 제공된다.

Ⓐ 전북 완주군 봉동읍 봉동동서로 100　Ⓣ 070-7763-3723
Ⓗ 수, 토-일 13:30~17:30, 금 13:30~19:00, 월, 화, 목요일 휴무
Ⓘ @savjacklover　Ⓜ Map → 2-S6

플러스82 프로젝트 소양점

여행 중 그리운 사람이 문득 떠올라지는 때가 있기 마련. 또 포착한 장면을 그림이나 글로 표현하고 싶을 때가 있을 터. 이곳을 방문하면 휴대하기 좋은 노트와 생동감 넘치는 디자인 엽서 그리고 가벼운 펜 등 필요한 문구류들을 손에 넣을 수 있다. 집으로 가져가 유용하게 쓸 수 있는 머그잔, 풍부한 향으로 공간을 채워주는 인센스 스틱, 다용도 바구니 등도 판매한다. 플러스82 프로젝트는 미국 디자인 스튜디오 라이플 페이퍼 (RIFLE PAPER CO.) 공식 매장이기도 하다. 라이플 페이퍼 제품들은 높은 품질의 재료를 사용해 세계적으로 우수하다.

Ⓐ 전북 완주군 소양면 송광수만로 508　Ⓣ 070-4216-0137　Ⓗ 11:00~18:00
Ⓘ @plus82project_soyang　Ⓜ Map → 3-S2

별빛공방

손으로 무언가를 만들었을 때가 언제였는지 기억이 가물가물하다. 도자 공예, 프랑스 자수, 감성 회화 등 원데이 클래스와 정규 수업이 진행되고 있다. 이곳에서 나만의 기념품을 만들어 보자. 곳곳에 다른 사람들이 만들어 놓은 소품들이 숨은 예술 욕망을 톡톡 건드릴 터. 달콤한 에이드 한 잔과 함께 도자기를 만들고 있으면 어렸을 적 즐거워했던 미술 시간이 절로 생각난다.

Ⓐ 전북 완주군 이서면 양동길 26　Ⓣ 063-221-5066　Ⓗ 평일 10:00~21:00, 주말 10:00~19:00, 공휴일 휴무　Ⓘ @starlight_studio_cafe　Ⓜ Map → 5-S1

TIP.
대한민국술테마박물관에서는 직접 술을 만들어볼 수 있는 체험을 제공한다. 전통주를 포함해 와인, 맥주 그리고 식초까지! 눈으로 보고, 코끝으로 향긋한 누룩 향을 맡으며 술을 만들어보자.

누에 아트홀

1987년부터 방치된 옛 잠종장이 리모델링되어 문화예술복합단지로 재탄생한 복합문화지구 누에에 위치한 갤러리. 약 한 달 기간으로 매번 전시가 바뀌는 게 특징이다. 지역 청년작가를 발굴하는 프로젝트의 일환으로 특별 전시를 열기도 한다. 누에가 나방이 되기 전에 고치를 만드는 것처럼 시민 참여형 전시와 야외 콘서트를 개최하는 등 한 발짝 더 나선 문화예술을 실현 중이다.

Ⓐ 전북 완주군 용진읍 완주로 462-9 Ⓣ 063-246-3953
Ⓗ 화~일 09:00~18:00 공휴일 휴무 월요일 휴무 Ⓜ Map → 2-★6

산속등대미술관

40년 넘게 방치된 제지공장을 개조, 도시재생 공간으로 새롭게 탈바꿈했다. 등대처럼 문화예술인들의 길잡이가 되고 싶다는 뜻을 담아, 매번 의미 있는 전시를 기획한다. 국내외 작가를 초대해, 관람객들과 호흡을 할 수 있는 행사를 주최하기도 한다. 세신한 바리스타가 직접 커피를 내려주는 슨슨카페와도 접근성이 좋다.

Ⓐ 전북 완주군 소양면 원암로 82 Ⓣ 063-245-2459
Ⓘ @ssdd_art Ⓤ blog.naver.com/thewon100 Ⓜ Map → 3-★8

대한민국술테마박물관

맥주 종류부터 와인, 막걸리 등 술에 관련된 모든 정보를 알 수 있는 곳. 술의 제조에 관한 이야기는 물론이고, 옛날 주점을 재현해놓아 시간 가는 줄 모르고 관람하게 한다. 술을 좋아한다면 필시 방문할 것.

Ⓐ 전북 완주군 구이면 덕천전원길 232-58　Ⓣ 063-290-3842　Ⓗ 화~일 10:00 ~ 17:00 월요일 휴무 (1월 1일, 설날/추석 당일 휴관)　Ⓘ @sulmuseum　Ⓟ 성인 2,000원　Ⓜ Map → 4-★6

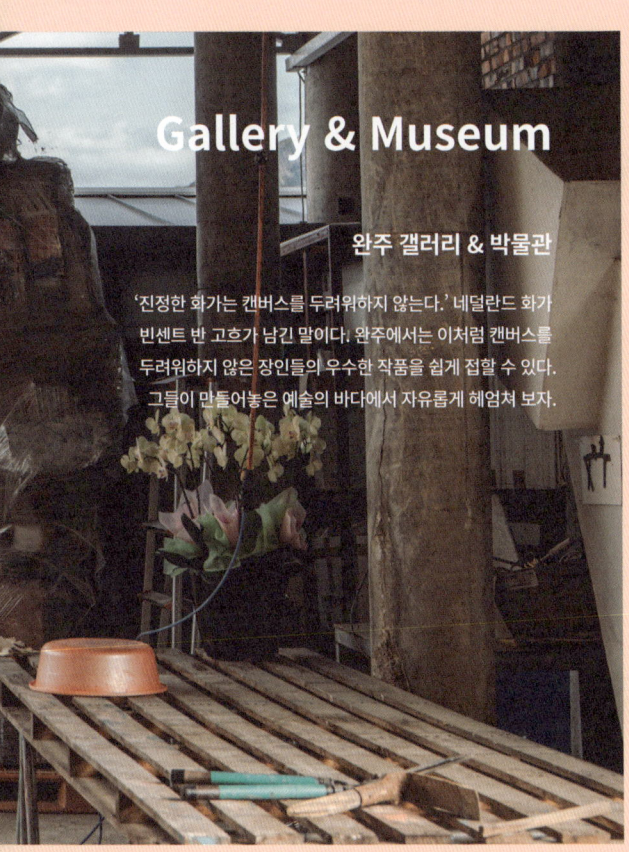

Gallery & Museum

완주 갤러리 & 박물관

'진정한 화가는 캔버스를 두려워하지 않는다.' 네덜란드 화가 빈센트 반 고흐가 남긴 말이다. 완주에서는 이처럼 캔버스를 두려워하지 않은 장인들의 우수한 작품을 쉽게 접할 수 있다. 그들이 만들어놓은 예술의 바다에서 자유롭게 헤엄쳐 보자.

유휴열 화백

한평생 그림만 그리고 살았습니다. 저 혼자만 좋아하 하는 일은 다 끝나고 나면 의미가 없겠지 싶었습니다. 혼자 하는 일에서 벗어나, 공감대를 형성하고 타인에게 영향을 끼치는 무언가가 있어야 비로소 의미가 있는 삶이라는 생각이 들었어요. 공원에 조성한 해먹은 사람들을 위한 것입니다. 사람들이 와서 쉬기도 합니다.

유휴열미술관

33년이 된 공간. 세월이 흘렀으니, 미술관을 감싸고 있는 나무들 키도 크다. 마당에는 유휴열 화백의 조각 작품, 돌담 작품 등이 자연과 어우러져 있다. 실내 전시 공간은 아담하나, 카페에서도 작품들을 볼 수 있어 작품의 양은 풍부하다. 마치 깊은 바닷속 해양동물들을 끌어안고 있는 것만 같다. 미술관과 함께 운영하는 카페 르 모악에서는 마음을 녹여주는 핫초코와 당일 한정 메뉴인 모닝빵에 찍거나 곁들여 먹는 에그마요를 맛볼 수 있다. 유휴열 화백의 아트 상품도 판매한다.

Ⓐ 전북 완주군 구이면 신뱅이길 55　Ⓣ 063-222-7510　Ⓗ 4월-9월 11:00~19:00, 10월-3월 11:00~18:00, 월요일 휴무　Ⓘ @ryuartmuseum　Ⓜ Map → 4-★5

PLUS. 카페 르 모악

전시장 안에서 차 한 잔을 마실 수 있는 공간. 전시 관람 후 이곳에서 차를 마시며 작품을 한 번 더 마음으로 감상하는 시간을 가져봐도 좋다.

Ⓗ 11:00~19:00, 월요일 휴무

전북도립미술관

모악산 입구에 자리한 미술관. 2004년 개관 이후 전라북도의 전통성을 담은 서예, 서화 등 근대미술품과 현대미술품 수집에 주력하고 있다. 국내를 넘어 아시아로 뻗어 나가는 공간으로 활발한 교류 전시를 지향한다. 1,700여 점의 소장품은 전북도립미술관만의 자랑. 관람은 무료이며, 전시뿐 아니라 인문학 강좌, 영화 상영 등 교육 프로그램도 참여 가능하다.

Ⓐ 전북 완주군 구이면 모악산길 111-6　Ⓣ 063-290-6888　Ⓗ 화~일 10:00~18:00 1월 1일, 명절 휴관　Ⓦ www.jma.go.kr　Ⓜ Map → 4-★3

PLAN YOUR TRIP : TRAVELER'S NOTE

Traveler's Note

> 드넓은 땅과 비옥한 농산물, 완주.
> 9가지의 숫자를 통해 완주만의 이야기를 소개한다.

591.23 km²
완주 내 산과 들의 견적. 총 821.05㎢의 면적 중 거의 절반을 뛰어넘는 수치를 자랑한다. 그만큼 산이 많고, 들이 많아 차도도 넓고, 공기도 맑다.

38 Artists
완주문화재단에 소속된 예술가들의 숫자이다. '2020년 문화훈장'을 수상한 유휴열 작가를 포함한 예술가들이 문학과 공연예술 등 각기 다른 분야에서 활동하고 있다.

13 Areas
완주에는 오성 한옥마을이 조성된 소양면, 1980년대 당시의 모습을 재현한 듯한 고산면, 편백나무숲이 조성된 상관면 등 총 10개의 면이 있다. 그리고 삼례읍, 봉동읍, 용진읍. 총 3개의 읍이 있다.

1,126m
완주에서 가장 높은 산인 운장산의 해발고도. 완주의 동상면 신월리에 있다. 케이블카가 있어 구경하기 좋은 대둔산의 해발고도도 818m, 어머니의 산이라는 뜻을 지닌 모악산의 해발고도는 793.5m이다.

20.75%
완주의 전체 인구에서 청년층은 무려 20%가 넘는 높은 수치를 자랑한다. (2022년 3월 기준) 이는 24.59%인 노인층과 비슷한 수치이다. 청년들을 위한 환경이 잘 조성되어 있음을 암시하기도 한다.

13 Pieces
13점의 문화재를 보유하고 있는 송광사는 국내 문화재 최다 보유 사찰이다. 그중 보물이 4점이며, 전라북도유형문화재가 8점이다.

77.15km
만경강이 처음과 마지막을 직선으로 측정한 길이. 만경강은 완주 동상면에서 시작해, 서해로 향하는 완주에서 가장 긴 강이다.

100,000 Trees
1976년, 산책로와 쉼터를 조성하면서 형성된 공기마을 편백숲. 10민 그루가 넘는 수를 자랑한다.

185ha
소양면은 국내 최대 철쭉 생산지. 1960년대부터 재배를 시작, 500호가 넘는 농가에서 생산되고 있다. 소양 철쭉은 자생력과 기후변화 적응력이 일반 철쭉보다 높다.

PLAN YOUR TRIP : CHECK LIST

Check List

> 첫 발도장을 찍어, 완주하는 그날까지!
> 완주 가기 전 체크 필수 리스트.

Cash
소소한 동네 음식점이나 카페 경우 현금만 받는 곳이 많다. 특히 현지 사람들이 자주 찾는 식당일수록 그러할 확률이 높다. 현금 없이 갔다가 가게 문지방을 넘지도 못하고 도로 나오게 될 수 있다. 필시 현금을 챙겨갈 것!

Reserve
요리 주문 시 최소 30분 전 전화해서 예약하자. 특히 묵은지 닭볶음탕은 주문이 들어간 다음, 닭이 손질된다. 그만큼 신선한 닭 요리를 맛볼 수 있는 셈. 예약 외에도 영업시간이나 메뉴 등이 궁금할 때 가게로 전화하는 것이 좋다. 온라인에 나와있는 정보보다 사장님에게 직접 물어보는 편이 훨씬 정확하다.

Taxi
완주군은 지리적인 위치로 인해 전주, 익산 등 근교에서 온 택시들이 많다. 그 지역 부근에서 출발하는 것이 아니라면, 완주 택시를 탈 것. 완주 출신 기사님들로부터 완주에 대한 알짜 정보들을 획득할 수 있다.

Bus
버스 배차 시간이 너무 길어 지루하거나 버스 시간표를 알고 싶을 때 가만히 기다리는 것보다 해당 기관에 전화를 걸어보자. 완주에서 돌아다니는 버스 대부분은 전주시내버스공동관리위원회에서 관할하고 있다.

Be Careful!
영화 <매드맥스: 분노의 도로>에서 나올법한, 무섭게 생긴 트랙터들이 도로 위에 많다. 운전할 때도 조심. 잠시 차를 정차해 도로를 걷게 될 때도 조심. 무시무시한 차들이 많으니 항상 옆을 살피면서 다녀야 한다.

Open
관광지 일대인 소양면 식당 및 카페들은 모두 11시부터 문을 열기 시작한다. 아침식사 먹을 곳을 찾는다면, 봉동이나 고산 등 현지인들이 거주하는 동네를 방문하자.

Market
완주 내 전통시장 3곳 모두 장날에 가볼 것. 장날 왁자지껄한 풍경을 볼 수 있다. 장날이 아닐 경우 조용한 골목만을 마주하게 된다. 봉동은 끝자리가 0, 5일 때, 삼례는 3, 8일 때 그리고 마지막으로 고산은 4, 9일 때가 장날이다.

Closed
여행객들이 즐겨 찾는 소양면을 비롯, 완주군에 있는 마을들 모두 7~8시가 되면 어두컴컴해진다. 거리 불 또한 적어 차로 이동할 때도 위험하다. 부지런히 여행하고 일찍 숙소에 들어가자.

People
완주 사람들은 협동심이 강하다. 마을마다 힘을 합쳐 공동체들을 구성, 지속적인 경제활동을 꾸린다. 그만큼 서로에 대한 의기투합이 잘 되어있다. 외부 지역 사람들 경우 접근하기 어렵게 느껴질 수 있다.

PLAN YOUR TRIP : SEASON CALENDAR

Season Calendar

> 날씨 변동이 없는 완주. 바람이 심하게 불거나 비가 많이 내리지 않아 여행하기 좋은 곳.
> 운이 좋으면 화창한 날씨가 계속된다.

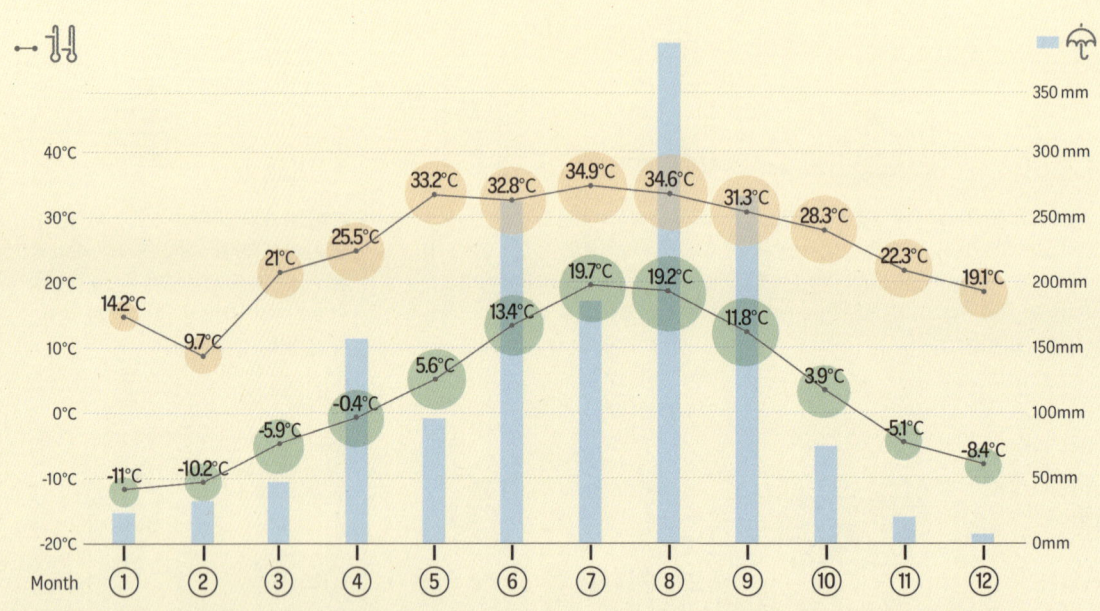

12~2

12~2월 겨울
겨울 여행은 추천하지 않는다. 1월에는 영하 11도까지 내려간다. 또 눈이 올 경우 눈 쌓인 산과 절을 볼 수 있는 행운이 있겠지만 찻길이 다소 미끄러울 수 있으므로 주의해야 한다. 몸이 둔해지는 겨울, 사람의 온기를 느낄 수 있는 송광사 템플스테이나 미술관 관람과 같은 실내 여행지를 추천한다.

3~5

3~5월 봄
3월의 최저 기온이 영하 5도까지 내려가기 때문에, 약간 쌀쌀하게 느껴질 수 있다. 비로소 5월이 되어서야 따뜻함이 지속된다. 강수량이 4월에 비교적 센 편. 그에 따라 습도도 높다. 벚꽃이 활짝 피는 계절이라 간편한 복장으로 놀아다니기 좋다.

6~9

6~9월 여름
강수량이 많은 8월을 제외하고, 햇빛이 강하기 때문에 전체적으로 뜨거운 날씨다. 특히 7월 최고의 기온은 서울 수도권 못지 않게 34.9도나 된다. 계곡이나 산이 만들어주는 그늘에서 더위를 식히는 묘미가 있다.

10~11

10~11월 가을
단풍이 드는 계절. 봄과 마찬가지로 돌아다니기에 최적이다. 대륙 고기압과 이동성 고기압의 영향으로 낮과 밤의 기온 차이가 많이 나기도 한다. 무겁게 입을 필요는 없지만, 항상 가디건을 챙기는 것을 추천한다.

PLAN YOUR TRIP : FESTIVAL

Festival

> 로컬푸드의 선두자, 완주. 그만큼 음식이 주된 페스티벌이 많다.
> 먹고 즐기며 완주에 대해 더 알아가자.

March
삼례딸기축제

매해 3월 하순 전국적으로 우수한 품질을 인정 받고 있는 삼례 딸기 축제. 친환경 딸기를 맛볼 수 있는 딸기 수확 체험을 포함, 딸기 케익 만들기와 직접 딸기 심어보기 등 다채로운 체험 활동들이 열려있다.

May
프러포즈축제

구이면 대한민국술테마박물관 야외광장에서 개최되는 축제. 구이면 모악산이 경각산의 청혼을 받아 결혼한 이후 물이 넘쳐 구이저수지가 생겼다는 이야기가 전해지고 있다. 이곳에서 프러포즈를 할 경우 성공 확률 100%! 공개 프러포즈와 리마인드 웨딩을 비롯해 커플 미션 게임, 드레스쇼 등 커플들과 부부들이 주인공인 행사들이 진행되며, 사전 참여 신청을 받고 있다. 매해 5월 중에 열린다.

September
와일드&로컬푸드축제

로컬푸드를 처음 시작한 완주군이 진행하는 최대 규모의 축제. 기존 와일드푸드축제에서 와일드&로컬푸드축제로 축제명칭을 변경, 국내 최고의 와일드 체험과 로컬음식 페스티벌을 위해 준비 중이다. 투명한 가을하늘과 아련한 추억들이 불어오는 계절 청정한 완주의 자연 속 와일드한 체험을 즐길 수 있다. 총 13개 읍, 면의 신선한 로컬푸드를 맛보고 이색적인 먹거리들을 만나는 장이기도 하다. 5년 연속 문화체육관광부 유망축제로 선정된 바 있다. 매해 9월 말~10월 초 시기 중 열리며, 날짜는 해에 따라 조금씩 변동된다.

완주한우사랑축제

한우로 유명한 화산면에서 열리는 민속 소싸움대회. 전국에서 기량이 우수한 소들이 모여 소싸움을 벌인다. 토너먼트 방식으로 진행되며 체급별로 경기가 이뤄져 흥미진진하다. 채급은 백두급, 한강급, 태백급으로 나눠진다. 또한 고품질의 신선한 한우를 시식하고 구입할 수 있다. 2014년부터 시작된 대회로, 우리나라 민속놀이 중 하나인 소싸움을 보존하는 취지로 크게 주목 받고 있다. 매해 9월에 열린다.

December
완주곶감축제

매해 12월 운주면 일원에서 열리는 축제. 부드러운 식감과 최상의 맛을 자랑하는 완주 곶감의 우수성을 알리고자 개최하기 시작했다. 합리적인 가격에 완주 곶감을 살 수 있으며 곶감과 연관된 체험활동 및 공연 감상이 가능하다.

PLAN YOUR TRIP : TRANSPORTATION

Transportation

> 평소 드라이브를 좋아하는 사람이라면, 완주 여행 제격이다. 완주를 제대로 완주하기 위해서는 자동차가 필수! 산이 많고 도로가 넓어, 쌩쌩 달리는 재미는 덤이다.

기차 타고 완주 가기

출발하는 지역에서 차를 타고 바로 가는 방법보다 완주와 가까운 지역에 있는 기차역에 도착, 렌터카를 이용하는 방법을 가장 추천한다. 완주의 크기가 워낙 광활하기에 완주에서 이동 시 하루 평균 왕복 90km가 거뜬히 나온다.

1. 전주역

완주와 가까운 KTX 기차역. 전주역 부근 렌터카를 이용할 수 있는 곳이 정말 많다. 이곳에 내려 이동하는 방법이 가장 일반적이다. 또 시간과 비용 면에서도 효율적이다.

2. 익산역

KTX와 SRT가 다니는 호남의 대표 기차역. 여행센터에서는 완주로 갈 수 있는 방법을 친절하게 알려준다. 역 주변에서 렌터카 빌리기도 쉽다.

3. 삼례역

무궁화 열차 탑승할 때만 다다를 수 있는 역이다. 삼례읍에 있어, 삼례문화예술촌과 새참수레 등 인근 관광지와의 접근성이 좋다. 천천히 여유를 보내고 싶다면, 삼례역으로 향하는 기차 여행을 추천한다.

고속·시외 버스 타고 완주 가기

기차 여행보다 시간은 오래 걸려도, 버스 여행도 나름 낭만적이다. 훌쩍 떠나고 싶을 때, 버스를 타자. 고속도로를 달리며, 버스 창밖을 통해 보이는 풍경을 구경하고 사색에 잠기는 시간은 돈 주고 살 수 없는 하나의 아름다운 추억이 된다.

1. 전주고속버스터미널

터미널과 전주역의 거리 차이가 얼마 되지 않아 내리고 완주로 이동 시 부담이 없다. 버스 배차 간격은 5~15분 또는 30분 정도로 생각보다 짧다.

2. 삼례고속버스터미널

삼례읍만 방문할 경우, 이동이 좀 더 수월하다. 서울에서 갈 경우 1일 17회 운행한다. 서울을 포함, 대전과 익산 등 다른 도시로도 이동이 가능한 터미널이다.

완주에서 이동하기

산이 많고, 물이 좋은 완주에서 뚜벅이를 한다는 것은 불가능에 가까운 일이다. 두 발로 다니기보다 버스나 택시를 이용할 것을 권장한다. 읍과 읍 사이의 거리가 생각보다 많이 멀어 택시는 덜 경제적이다. 렌터카나 자가용 이용을 100% 추천한다.

1. 렌터카

완주에서 오래 머무를 경우 렌터카가 가장 합리적이다. 다만, 완주 당일치기나 1박일 경우 카셰어링 서비스를 이용하자. 전주역, 익산역 그리고 전주시외버스터미널 주변으로 유명 렌터카 회사들이 많다. 각각 장단점이 있다. 전주역이나 익산역에서 구할 경우 바로 차에 탑승할 수 있다는 이점이 있으나 가격이 다소 비싸다. 전주시외버스터미널 근처에서 구할 경우 위치가 애매하나 서비스와 가격 면에서 좋은 조건인 경우가 많다.

Tip.
완주의 땅 면적은 아주 넓다. 기름 값을 고려해, LPG 전용 자동차를 추천한다. 아무리 많이 다녀도 기름값이 덜 든다.

2. 택시

개인택시 번호를 알고, 이용하는 편이 수월하다. 특히 완주군의 면이나 읍 안에서 이동할 때는 택시 기사님과 소통 후 거리에 따른 가격 합의 등을 끌어내는 방법이 있다. 면과 면 이동 시 20,000~30,000원을 뛰어넘는 가격이 나오니 주의하자. 영수증만 봐도 눈물이 나오는 금액은 완주가 생각보다 훨씬 크다는 사실을 뼈저리게 느끼게 한다.

3. 버스

배차 시간 간격이 평균 200분. 완주 내 돌아다니는 버스의 수는 현저히 적다. 버스에 관한 문의가 있을 시 전주시내버스공동관리위원회(063-272-8102)에게 도움을 요청하자. 해당 정류장 이름과 목적지를 말하면, 친절하게 버스 시간과 번호 등을 알려준다.

Plus. 전주시 시내버스 정기권
버스를 자주 탄다면, 정기권을 구매해 사용하자. 1일권(5,500원), 2일권(10,000원) 그리고 30일권(46,000원)이 있다. 전주와 완주 두 곳에서 사용할 수 있다. 1일권 구매 후 하루에 버스를 4회 이상 이용한다면 1회당 버스 요금이 내려가므로 훨씬 합리적이다. 버스를 더 많이 탈수록 더 이득인 셈! 해당 정기권은 앱을 통해서도 구할 수 있다.

PLAN YOUR TRIP : TOUR

Tour

> 완주 찍고 BTS 6로드 방문하자!
> 완주의 곳곳을 단숨에 즐길 수 있는 투어 상품을 소개한다.

완주군 모바일 스탬프 투어

완주에서 꼭 가볼 곳과 추천할 곳 그리고 BTS(방탄소년단)가 다녀간 곳 등 여러 지역을 한눈에 보고 선택해 갈 수 있다. 구글스토어에서 '스탬프 팝' 앱을 설치한 후 QR코드를 통해 모바일 스탬프를 획득하면 된다. 스탬프 투어 완료 시 기념품을 받을 수 있다.

문의 063-290-2624

완주시티투어

매주 토요일 완주 문화가 스며든 곳곳을 버스 하나로 여행할 수 있는 완주시티투어.

코스
익산역 / 삼례문화예술촌 -> 새참수레 -> 위봉산성 & 위봉사 & 위봉폭포 -> 오성 한옥마을 -> 삼례문화예술촌 / 익산역

이용요금
버스 이용료   3,000원 (36개월 이하 무료)
식사 이용료   중학생 이상 12,000원, 초등학생 9,000원, 미취학 아동 5,000원 (시티투어 탑승자 식사 비용 1,000원 할인!)
체험료, 입장료 등 개인부담
매주 목요일(출발 2일 전) 오후 5시까지 예약 가능
최소 인원 5명 이상 시 운영
문의   완주군관광지원센터 063-290-3930
       www.완주관광.com

전북투어패스

비비정예술열차와 대승한지마을 등 완주의 유명 관광지 포함, 전북투어패스와 제휴를 맺은 전라북도 내 90여 곳 방문 시 할인 혜택을 받거나 무료입장이 가능하다. 1일권부터 3일권까지 있으며, 교통카드 기능을 결합한 카드도 있다.

문의   1522-2089
홈페이지   jbtourpass.kr
인스타그램 @jbtourpass

★ Main Spot
S Shop
R Restaurant
C Cafe
D Dessert
H Hanok
T Transportation

MAP

—

완주

1. 북부
2. 서부
3. 중심부
4. 남부
5. 이서
6. 전주

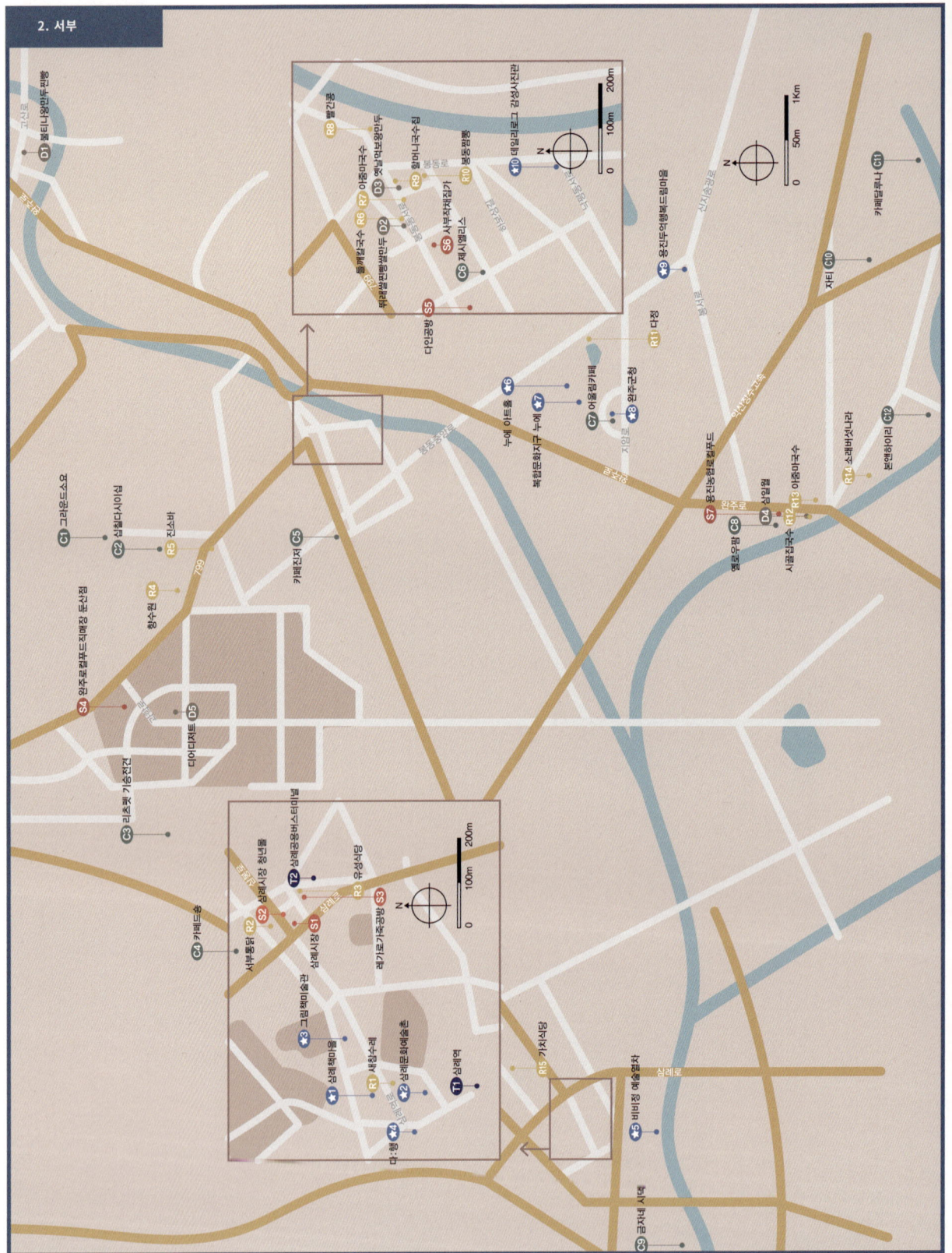

Writer
이지앤북스 편집팀

Publisher
송민지 Minji Song

Managing Director
한창수 Changsoo Han

Editors
황정윤 Jeongyun Hwang
홍지수 Jisoo Hong

Designers
김영광 Youngkwang Kim
김혜진 Hyejin Kim

Illustrators
김조이 kimjoy
이설이 Sulea Lee

Publishing
도서출판 피그마리온

Brand
easy&books
easy&books는 도서출판 피그마리온의 여행 출판 브랜드입니다.

Tripful

Issue No.20

ISBN 979-11-91657-05-0
ISBN 979-11-85831-30-5(세트)
ISSN 2636-1469
등록번호 제313-2011-71호 등록일자 2009년 1월 9일
초판 1쇄 발행일 2021년 3월 19일
개정판 1쇄 발행일 2022년 4월 29일

서울시 영등포구 선유로 55길 11, 6층 TEL 02-516-3923
www.easyand.co.kr

Copyright © EASY&BOOKS
EASY&BOOKS와 저자가 이 책에 관한 모든 권리를 소유합니다.
본사의 동의 없이 이 책에 실린 글과 사진, 그림 등을 사용할 수 없습니다.

* 본 도서는 완주군청의 협조 및 지원으로 제작되었으나,
  콘텐츠의 기획 및 제작은 출판사의 편집 방침을 따랐음을 밝힙니다.

Tripful

Local Travel Guide Books

 ① FUKUOKA
 ② CHIANGMAI
 ③ VLADIVOSTOK Out of print book
 ④ OKINAWA

 ⑤ KYOTO
 ⑥ PRAHA
 ⑦ LONDON
 ⑧ BERLIN

 ⑨ AMSTERDAM
 ⑩ ITOSHIMA
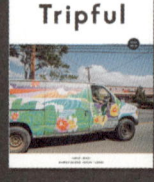 ⑪ HAWAII
 ⑫ PARIS

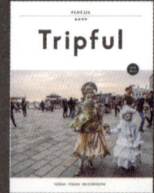 ⑬ VENEZIA
 ⑭ HONGKONG
 ⑮ VLADIVOSTOK
 ⑯ HANOI

 ⑰ BANGKOK
 ⑱ JEJU
 ⑲ HONGDAE, YEONNAM, MANGWON
 ⑳ WANJU

 ㉑ NAMHAE
 ㉒ GEOJE
 ㉓ HADONG

EASY SERIES

Since 2001 Travel Guide Book Series

EASY EUROPE 이지유럽   **EASY EUROPE SELECT5** 이지동유럽5개국   **EASY SPAIN** 이지스페인   **EASY CUBA** 이지쿠바

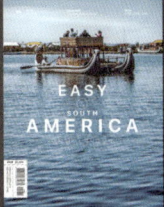 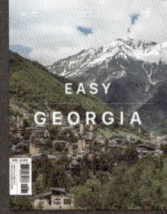 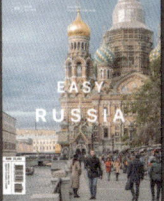 

EASY SOUTH AMERICA 이지남미   **EASY GEORGIA** 이지조지아   **EASY RUSSIA** 이지러시아   **EASY SIBERIA** 이지시베리아

EASY EASTERN EUROPE 이지동유럽   **EASY CITY BANGKOK** 이지시티방콕   **EASY CITY DUBAI** 이지시티두바이   **EASY CITY TOKYO** 이지시티도쿄

EASY CITY GUAM 이지시티괌   **EASY CITY TAIPEI** 이지시티타이페이   **EASY CITY DANANG** 이지시티다낭

easy & BOOKS

트래블 콘텐츠 크리에이티브 그룹 이지앤북스는
2001년 창간한 <이지 유럽>을 비롯해, <트립풀> 시리즈 등
북 콘텐츠를 메인으로 다양한 여행 콘텐츠를 선보입니다.
또한, 작가, 일러스트레이터 등과의 협업을 통해 여행 콘텐츠
시장의 선순환 구조를 만드는 데 이바지하고 있습니다.

www.easyand.co.kr
www.instagram.com/tripfulofficial
blog.naver.com/pygmalionpub

easy & LOUNGE

이지앤북스에서 운영하는 여행콘텐츠 라운지 '늘NEUL'은 책과 커피,
여행이 함께하는 공간입니다. 큐레이션 도서와 소품, 다양한 이벤트를
통해 일상을 여행의 설렘으로 가득 채워 보세요.

서울 영등포구 선유로55길 11 1층
www.instagram.com/neul_lounge